INHALTSVERZEICHNIS

ZU HAUSE LERNEN – HILFREICHE TIPPS

DEUTSCH

LAUTE UND BUCHSTABEN

WÖRTER ERLESEN

LESEN UND VERSTEHEN

SCHREIBEN

FIT FÜR DEN ÜBERTRITT IN DIE 2. KLASSE

INHALTSVERZEICHNIS

MATHEMATIK

Liebe Eltern!

Selbstverständlich wollen Sie nur das Beste für Ihr Kind! Dazu gehört auch, dass es in der Schule erfolgreich ist.
Der Lernerfolg Ihres Kindes hängt auch vom häuslichen Umfeld und der familiären Lernsituation ab. Je wohler sich Ihr Kind zu Hause fühlt, desto besser lernt es.
Wir wollen Ihnen daher Tipps und Anregungen geben, wie Sie den Lernerfolg Ihres Kindes nachhaltig steigern können.

TIPP 1 TAGESLEISTUNGSKURVE

Wir alle haben zu unterschiedlichen Tageszeiten unsere Leistungshochs und Leistungstiefs. So sieht die durchschnittliche Tagesleistungskurve aus:

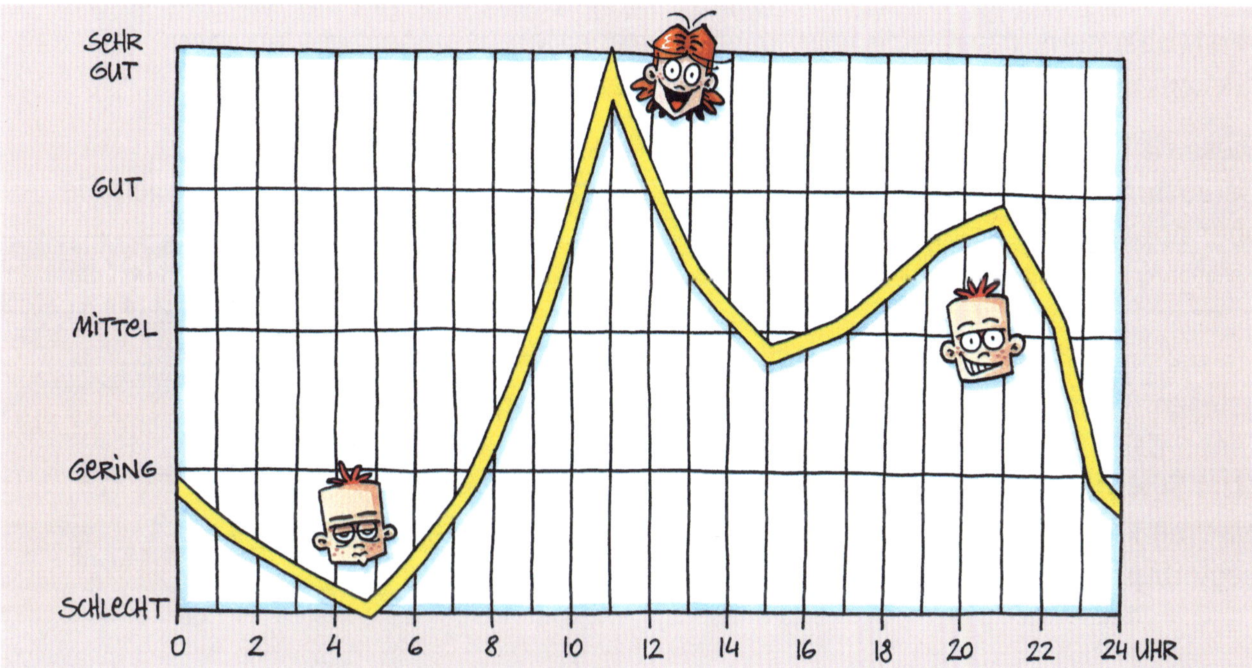

Zeichnen Sie mit einem Rotstift die persönliche Tagesleistungskurve Ihres Kindes ein. Es sollte die anstrengendsten Aufgaben in jenen Zeitbereichen erledigen, wo es am leistungsfähigsten ist. Unterstützen Sie Ihr Kind darin, seine Pausen „richtig" zu konsumieren und in seinen Leistungshochs zu lernen. Legen Sie private Termine Ihres Kindes in jene Zeitbereiche, wo sein effizienter Lernrhythmus nicht gestört wird.

TIPP 2 ARBEITSPLATZ

Arbeitsplatz und Lernumfeld haben einen großen Einfluss auf den Lernerfolg Ihres Kindes. Berücksichtigen Sie daher bei der Gestaltung seines Arbeitsplatzes folgende Kriterien:

Wohlfühlen

Der Lernplatz soll für Ihr Kind eine angenehme Atmosphäre bieten. Dazu können zB angenehme Farben, Pflanzen, Bilder, ein Poster seiner Lieblingsband … beitragen. Gestalten Sie ihn zusammen mit Ihrem Kind oder lassen Sie Ihr Kind auch selbstständig entscheiden – Ihr Kind soll sich wohlfühlen!

Bequem sitzen

Wer unbequem sitzt, kann sich nur schlecht konzentrieren. Daher darf beim Schreibtischstuhl auf keinen Fall gespart werden. Sitzhöhe und Rückenlehne sollten verstellbar sein, damit eine individuelle Sitzposition gefunden werden kann. Rückenschmerzen und sonstige Sitzfolgeschäden sind zu vermeiden.

Diese richtige „Infrastruktur“ des Lernens herzustellen, ist auch für Sie eine Herausforderung. Die dafür notwendigen finanziellen Aufwendungen bekommen Sie aber doppelt und dreifach zurück, wenn Ihr Kind gerne und erfolgreich an seinem tollen Arbeitsplatz lernt.

Sie haben nun einige Anregungen zum Thema „Lernorganisation“ gelesen. Wenn Sie darüber mehr erfahren wollen, empfehlen wir Ihnen das Buch „DURCHSTARTEN **LERNTIPPS – IN 5 SCHRITTEN ZUM SCHULERFOLG**“. Darin erfahren Sie, was Sie alles richtig machen können, um Ihr Kind erfolgreich durch seine Schulzeit zu begleiten.

1 Großbuchstaben und Kleinbuchstaben zuordnen

Die meisten Schriften der Welt unterscheiden zwischen Groß- und Kleinbuchstaben. Beinahe alles wird mit Kleinbuchstaben geschrieben. Die Großbuchstaben werden fast immer nur für Satzanfänge und für den Anfang bestimmter Wörter verwendet. Auf der Tastatur eines Computers sieht man nur die Großbuchstaben, obwohl beim Drücken der Taste auf dem Bildschirm der Kleinbuchstabe erscheint. Will man einen Großbuchstaben schreiben, muss man mit einer bestimmten Taste umschalten.

A **Fahre immer den Großbuchstaben und den entsprechenden Kleinbuchstaben mit derselben Farbe nach.**

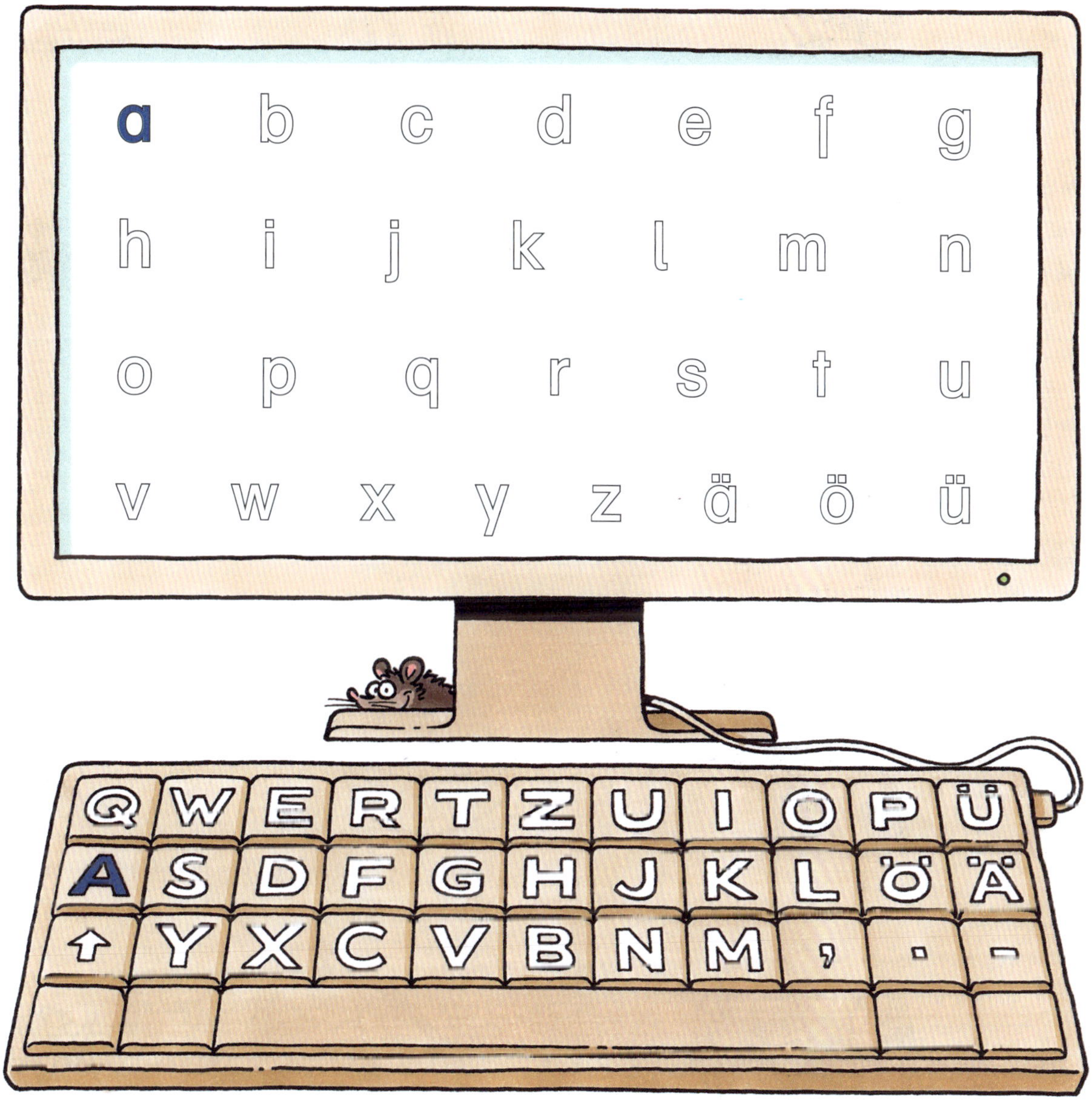

B **Was steht auf dem Bildschirm, wenn du auf Großbuchstaben umschaltest? Zeichne in dein Übungsheft einen Bildschirm und schreibe die Großbuchstaben in der gleichen Reihenfolge wie hier in den Bildschirm.**

2 Anlautbuchstaben abhören und schreiben

Jedes gesprochene Wort beginnt mit einem Laut. Diesen nennt man Anlaut. Das Abhören des Anlautes kann man üben, *zB* ***T****isch* beginnt mit ***T***, ***F****isch* beginnt mit … Das Abhören der einzelnen Laute in einem Wort ist für das Schreiben wichtig.

A **Sprich jedes Wort, das als Bild gezeichnet ist. Schreibe den Anfangslaut in das Kästchen darunter.**

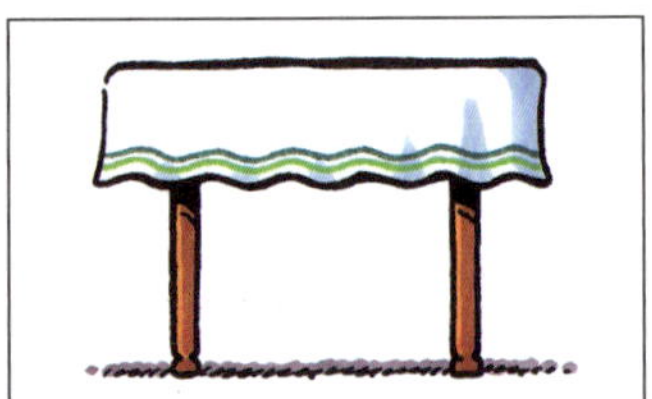

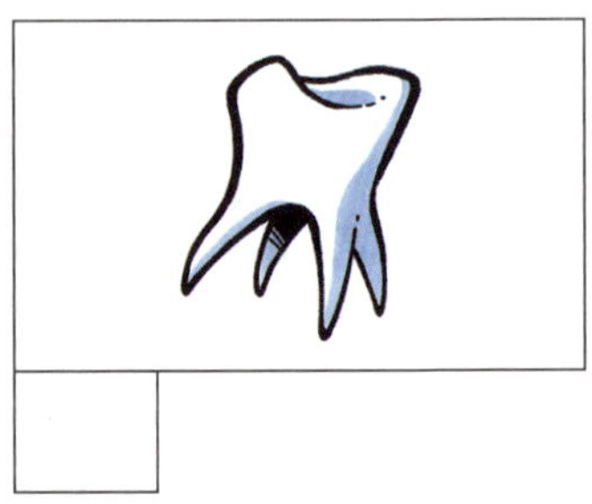

B **Wähle sechs Buchstaben aus. Zeichne Dinge, die mit diesen Anfangsbuchstaben beginnen, zB *T – Torte*.**

3 Zusammengesetzte Schriftzeichen erkennen

Für die meisten Laute wird ein einfacher Buchstabe geschrieben. Es gibt aber auch Laute, für die man zwei oder gar drei Buchstaben schreiben muss: *au, ei, eu, ch, sch, ie, pf, qu*. Diese Schriftzeichen müssen beim Lesen blitzschnell als Vertreter eines Lautes erkannt werden.

A **Lies die Wörter. Übermale die Schriftzeichen *au, ei, eu, ch, sch, ie, pf, qu* gelb.**

Tasche

Buch

Maus

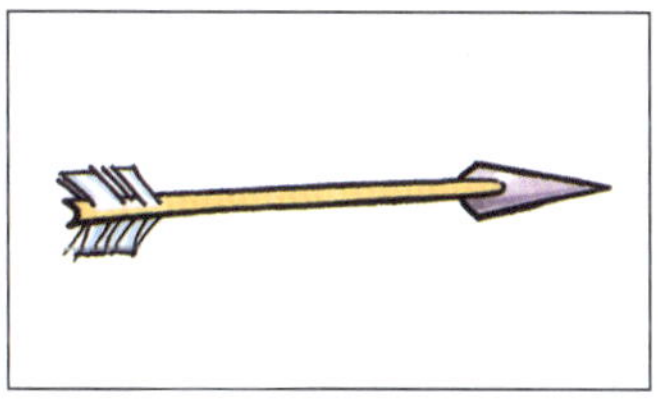
Pfeil

Feuer

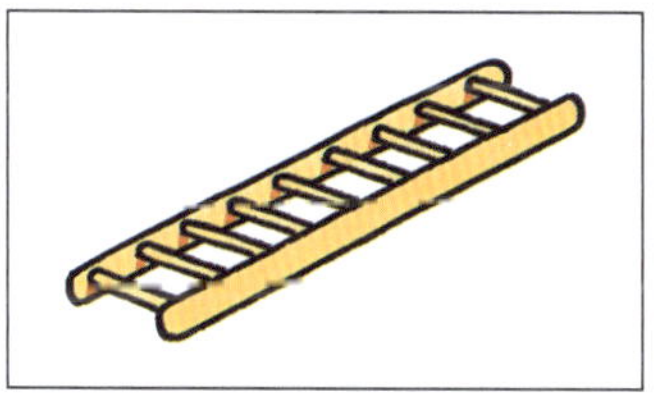
Leiter

Schere

Biene

Dach

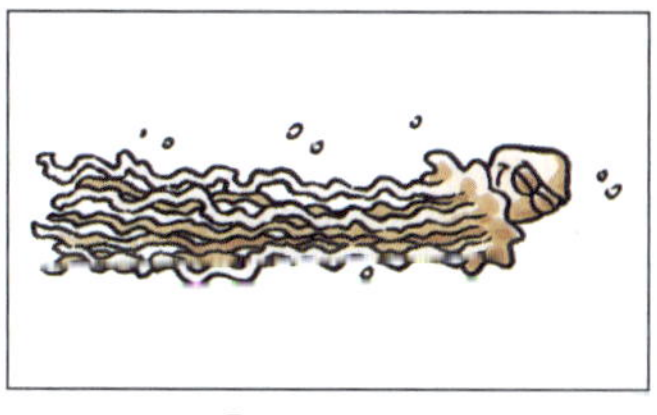
Qualle

Zopf

Eule

Fisch

Aquarium

Auto

B **Suche in Postwurfsendungen Wörter mit solchen Schriftzeichen. Schneide die Wörter aus und klebe sie in dein Übungsheft.**

4 Ähnliche Buchstabenformen unterscheiden

Wir sprechen Laute, aber wir schreiben Buchstaben. Manche Buchstaben unterscheiden sich nur durch Kleinigkeiten, zB *b* und *d*. Buchstaben mit kleinen Unterschieden werden leicht verwechselt. Beim Lesen muss man blitzschnell entscheiden, welcher Laut zu einem Buchstaben gehört.

A In jedem Überraschungsei sind vier Buchstaben. Ein Buchstabe passt nicht zu den anderen. Streiche ihn durch und schreibe ihn in die untere Kästchenreihe.

~~S~~ Z Z Z | o a o o | t t t l | d d a d | n n m n | i l l l

w w w m | j j j i | f f f t

N N M N | g a g g | n r n n | h h m h | c c c e

L L l L | a b b b | a a d a | c e c c

S __ __ __ __ __

__ __ __

__ __ __ __ __ __ __ __ __

B Verstecke alle Buchstaben des Wortes DURCHSTARTEN in Überraschungseiern. Als Füllbuchstaben musst du immer drei gleiche Buchstaben in das Ei legen. Zeichne und schreibe in dein Übungsheft.

5 Buchstaben in unterschiedlicher Größe schreiben

In der Schule werden meistens Buchstaben und Wörter in einer bestimmten Größe geschrieben. Die Schriftgröße ergibt sich durch die vorgegebenen Schreibzeilen. Im alltäglichen Schreibgebrauch muss man aber die Buchstabengröße an die Vorlage anpassen. Wenn nicht mehr Platz zur Verfügung steht, muss man eben die Buchstaben kleiner schreiben.

A **Vor dir liegt ein unfertiges Schreibbild. Die Buchstaben sind die Anfänge von Wörtern, zB *H = Hut, Haar, Au = Auge*. Fahre die Buchstaben mit Farbstiften nach. Schreibe dann in der anderen Gesichtshälfte möglichst viele Buchstaben.**

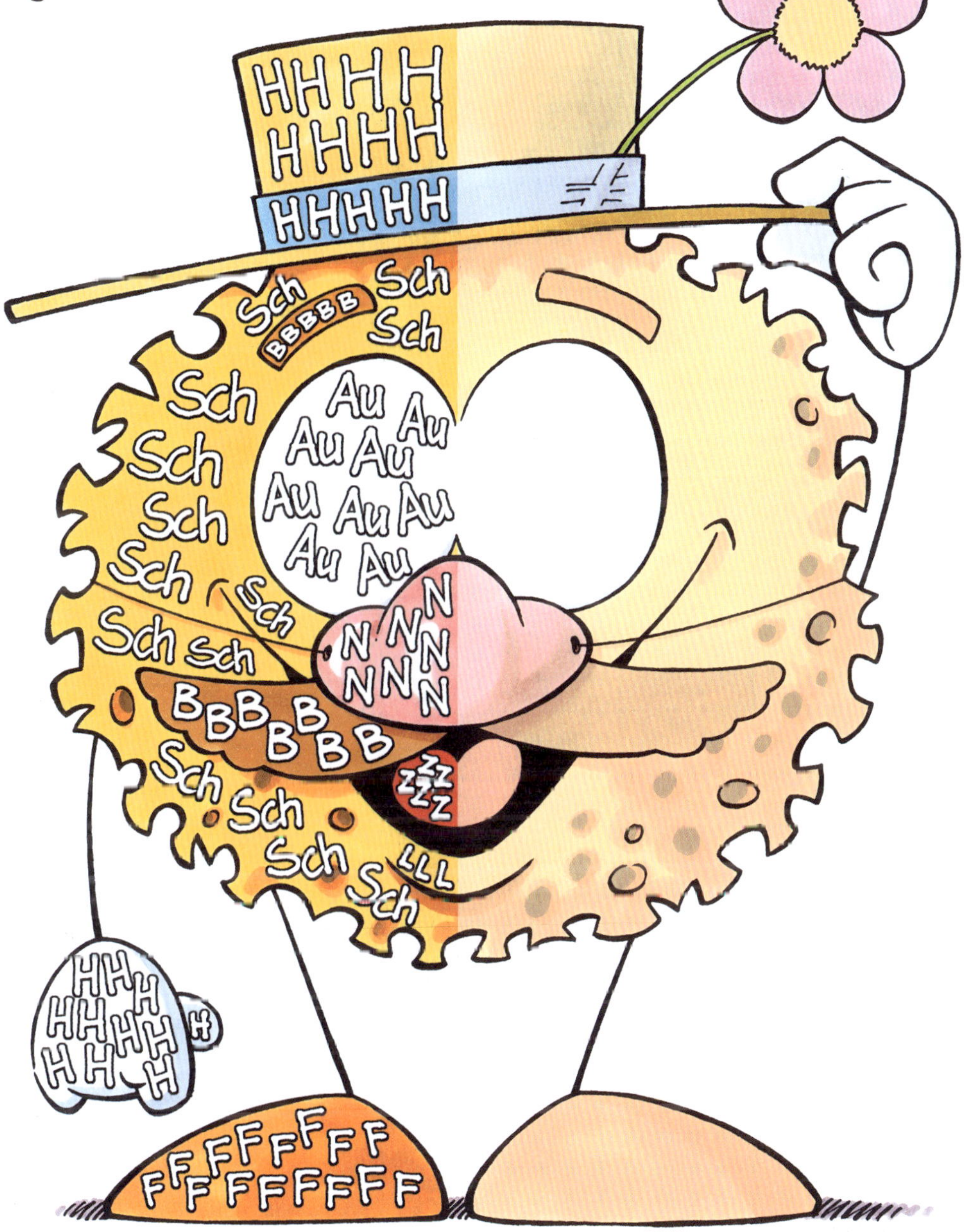

B **Zeichne ein Haus in dein Übungsheft. Fülle die Teile des Hauses mit Buchstaben.**

6 Laute zu einem Wort verschmelzen

Wörter, die man noch nie oder selten gelesen hat, müssen erlesen werden. Dabei ändert sich im Laufe der 1. Klasse die Lesetechnik. Zunächst wird sich ein Leseanfänger von Buchstabe zu Buchstabe vortasten, für jeden Buchstaben einen Laut aussprechen und die Laute zu einer Lautkette verbinden. Die gesprochene Lautkette hat man vielleicht schon so gehört. Sie kommt einem also bekannt vor. Jetzt weiß man wahrscheinlich, was das gelesene Wort bedeutet.

A **In den Zündholzschachteln liegen Wörter. Wenn du eine Schachtel langsam von rechts nach links herausziehst, erscheint ein Buchstabe nach dem anderen. Lies dann: O – Om – Oma.**

B **Bastle aus Zündholzschachteln solche Leseschieber.**

7 Das Zusammenlesen üben

So einfach das Zusammenlesen für manche Kinder ist, so widerspenstig kann es sich wiederum für andere Kinder erweisen. Diese sprechen zwar die einzelnen Laute richtig aus, aber beim Verschmelzen der Laute zu einem Wort spießt es sich. Bitte nicht den Mut verlieren. In spielerischer Form und mit Geduld kommt jedes Kind zum Erfolg.

A **Jeder Fächer wird Schritt für Schritt geöffnet.**
Lies so: *N – Ni – Nin – Nina*.

B **Bastle einige Fächer mit den Namen deiner Freundinnen und Freunde. Du brauchst: Streifen aus Karton, eine Lochmaschine und Splinte (oder eine Schnur).**

8 Wörter silbenweise lesen

Längere Wörter kann man leichter erlesen, wenn man sie in Silben unterteilt, zB *Ro bo ter* kann man einfacher erlesen als *Roboter*. Man hat aber auch Vorteile, wenn man beim Aufschreiben ein Wort in Silben unterteilt.

A **Lies zuerst die Wörter der linken Spalte silbenweise. Verbinde dann mit dem ganzen Wort und schließlich mit dem richtigen Bild.**

Sa	la	mi	Nikolo	
Ro	si	ne	Salami	
Ni	ko	lo	Rosine	
Sa	la	te	Telefon	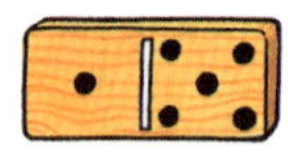
Te	le	fon	Domino	
Do	mi	no	Salate	
To	ma	te	Rakete	
Ra	ke	te	Melone	
Me	lo	ne	Banane	
Ba	na	ne	Tomate	
Po	sau	ne	Königin	
Kö	ni	gin	Posaune	

B **Schreibe jedes Wort auf einen Papierstreifen. Zerschneide das Wort in Silben. Misch die Zettel mit den Silben. Bau die Wörter wieder zusammen und klebe sie in dein Übungsheft.**

9 Unsinnwörter lesen

Als Unsinnwörter (Nonsens-Wörter) bezeichnet man Wörter, die keinen Sinn haben. Das Erlesen von Unsinnwörtern zeigt recht gut, ob das lesende Kind ein Wort wirklich erlesen kann. Denn hier kann das Wort kaum vorzeitig erraten werden. Unsinnwörter können durch das Austauschen von Einzelbuchstaben entstehen, zB *Krokodil* ► *Krakodil*.

A **Bei den folgenden Wörtern werden *a e i o u* ausgetauscht. Das ergibt Wörter ohne Sinn. Aber sie klingen manchmal lustig. Lies sie mehrmals.**

Elefant	Elefant	Elefant
Alefant	Elafant	Elefent
Olefant	Elofant	Elefont
Ilefant	Elifant	Elefint
Ulefant	Elufant	Elefunt
Elefant	Elefant	Elefant

Telefon	Telefon	Telefon
Talefon	Telafon	Telefan
Tolefon	Telofon	Telefen
Tilefon	Telifon	Telefin
Tulefon	Telufon	Telefun
Telefon	Telefon	Telefon

Krokodil	Krokodil	Krokodil
Krakodil	Krokadil	Krokodal
Krekodil	Krokedil	Krokodel
Krikodil	Krokidil	Krokodol
Krukodil	Krokudil	Krokodul
Krokodil	Krokodil	Krokodil

B **Schreibe ein Lieblingswort auf. Tausche dann die Buchstaben *a e i o u* aus, zB *Schokolade, Schekolade, Schikolade* …**

10 Häufige Wörter blitzschnell lesen

Will jemand schnell und flüssig lesen, dann muss er häufig vorkommende Wörter blitzschnell erfassen. Dazu gehören Übung und Leseerfahrung. In der folgenden Übung soll Ihr Kind beschriftete Dominosteine lesen. Diese Übung sollte oft wiederholt werden.

A **Lies die Wörter auf den Dominosteinen von oben nach unten. Beginne mit der linken Spalte.**

START | an	sich | dich	was | das
an | am	dich | ich	das | die
am | im	ich | ach	die | da
im | um	ach | auch	da | du
um | uns	auch | auf	du | dem
uns | ans	auf | für	dem | ein
ans | ins	für | vor	ein | hat
ins | und	vor | der	hat | mit
und | dir	der | er	mit | zu
dir | mir	er | es	zu | wo
mir | mich	es | ist	wo | aus
mich | sich	ist | was	aus | ENDE

B **Die Seite kopieren, die Dominosteine ausschneiden und Domino spielen. Die Spielanleitung findest du im Lösungsheft.**

11 Versteckte Wörter suchen

Reizvoll ist es, versteckte Wörter zu suchen und zu finden. In den folgenden Schreibbildern haben sich mehr oder weniger Wörter versteckt. Diese Wörter soll Ihr Kind blitzschnell erkennen.

A **Gehe auf die Suche nach den versteckten Wörtern. Übermale sie und schreibe auf, wie viele Wörter sich in jeder Abbildung versteckt haben.**

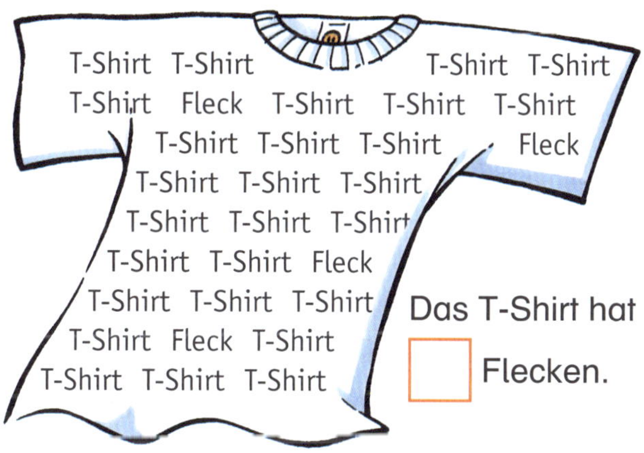

Das T-Shirt hat ☐ Flecken.

Der Zahn hat ☐ Löcher.

In der Suppe schwimmen ☐ Haare.

In der Birne sind ☐ Würmer.

Im Fell sind ☐ Flöhe.

B **Verstecke 5 Würmer in einem Apfel, 4 Flecken in einer Hose, 6 Löcher in einer Decke, 7 Flöhe in einem Sack.**

12 Wörter mit kleinen Unterschieden lesen

Manche Wörter unterscheiden sich nur durch Kleinigkeiten. In den folgenden Wortpaaren sind die Selbstlaute *a* und *u* ausgetauscht worden.
Wenn man die beiden Wörter des Wortpaares hintereinander liest, klingt das wie ein Echo.

A Lies die Wortpaare so oft, bis du sie fließend lesen kannst.

du	da
uns	ans
huhu	haha
Hund	Hand
Huhn	Hahn
Zunge	Zange
er hustet	er hastet
sie knurren	sie knarren
Du kannst husten.	Du kannst hasten.
dünne Nudeln	dünne Nadeln
eine Puppe	eine Pappe
Kummer	Kammer
stumm	Stamm
Buch	Bach
rund	Rand
Lust	Last
Hut	hat

B Übe mit einer Partnerin oder einem Partner. Du liest das linke Wort, deine Partnerin oder dein Partner das rechte Wort. Dann könnt ihr die Rollen tauschen.

13 Geräuschwörter lesen

Es gibt Wörter, die sich aus Alltagsgeräuschen herleiten. Dabei wiederholen sich die Wörter. Gleichzeitig wechselt der i-Laut auf den a-Laut oder o-Laut. Dieser Wechsel macht das Lesen amüsant. Liest man die Wörter in umgekehrter Reihenfolge, zB *bam bim*, so wird das Lesen erschwert.

A **Lies jede Kombination mindestens dreimal hintereinander.**

B **Übermale jene Buchstaben, die sich verändern, zB *tick tack*.**

14 Zusammengesetzte Wörter lesen

Zusammengesetzte Wörter sind meist lange Wörter. Lange Wörter bereiten beim Lesen größere Schwierigkeiten als kurze Wörter. Geübte Leserinnen und Leser können ein zusammengesetztes Wort rasch in die Einzelwörter zerlegen.

A Lies die Worttreppen so oft, bis du sie fließend lesen kannst.

Haustür
Türschloss
Schlosshotel
Hotelgast
Gaststube
Stubenfliege
Fliegenpilz
Pilzsuppe
Suppenteller

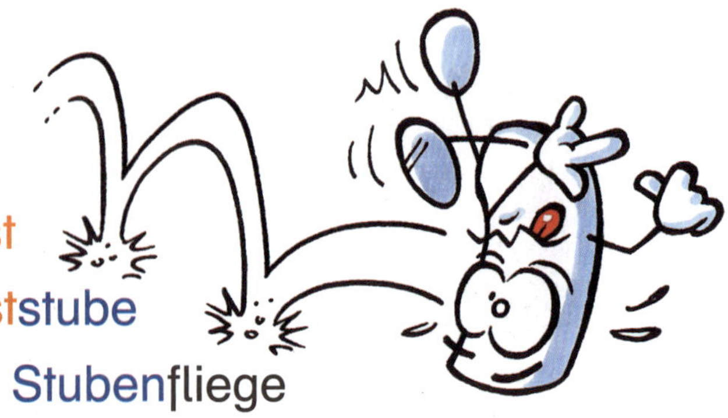

Haustier
Tiergarten
Gartenblumen
Blumenwiese
Wiesenfest
Festhalle
Hallensport
Sportschuhe
Schuhsohle

Tannenbaum
Baumschule
Schulschluss
Schlusssatz
Satzende
Endspiel
Spielregel
Regelbuch
Buchregal

B Lies die Treppen von unten nach oben, zB Buchregal, Regelbuch, Spielregel …

15 Wortgruppen lesen

> Geübte Leserinnen und Leser erahnen schon nach wenigen Wörtern, wie ein Satz weitergehen könnte. Sie kontrollieren dann nur mehr, ob die Erwartung zutrifft. Auf diese Weise erhöhen sie das Lesetempo.

A **Woran denkst du, wenn du die Namenwörter in der linken Spalte liest? Verbinde dann mit dem Tunwort, das gut dazupasst.**

ein Buch	○	○	malen
ein Bild	○	○	suchen
eine Torte	○	○	lesen
Ostereier	○	○	backen
einen Brief	○	○	gießen
Blumen	○	○	schreiben
Vanilleeis	○	○	füttern
Hühner	○	○	schlecken
um Hilfe	○	○	stapfen
im Schnee	○	○	schreien
mit dem Rad	○	○	trinken
Tennis	○	○	fahren
Limonade	○	○	spielen
den Farbstift	○	○	mähen
die Wiese	○	○	spitzen
Schluss	○	○	machen

B **Lies die Verbindungen so oft, bis du alle fließend lesen kannst.**

16 Wunschkennzeichen lesen

Manche Autos haben ein Wunschkennzeichen. Oft verrät das Wunschkennzeichen, welchen Beruf oder welches Hobby die Besitzerin oder der Besitzer des Autos hat. Wunschkennzeichen zu lesen und nachzudenken, welcher Beruf oder welches Hobby dahintersteckt, ist ein netter Zeitvertreib und manchmal auch sehr unterhaltend.

A **Lies die Wunschkennzeichen und verbinde das Kennzeichen mit einem Beruf oder Hobby.**

A TA XI 1	○ Gärtnerin
A BL UME 1	○ Zauberer
A TR ICK 1	○ Taxifahrer
A PI NSEL 1	○ Friseur
A HA AR 1	○ Maler
A AN GEL 1	○ Bäckerin
A BR OT 1	○ Fischer
A G OLF 1	○ Winzerin
A W EIN 1	○ Golfspielerin
A EU RO 1	○ Judokämpfer
A JU DO 1	○ Kinobesitzer
A KI NO 1	○ Bankdirektorin
A W ALD 1	○ Fleischhauer
A HO BEL 1	○ Förster
A WU RST 1	○ Tischlerin

B **Suche in deiner Umgebung Wunschkennzeichen. Schreibe sie in dein Übungsheft.**

17 Firmenaufschriften lesen

Beim Lesen sollte man den Inhalt (Bedeutung, Sinn) eines Wortes oder auch Satzes verstehen. Mitunter muss man auch den Inhalt denkend verarbeiten, wie zB bei den folgenden Firmenaufschriften. Wenn man den Familiennamen und die Berufsbezeichnung in Beziehung setzt, wird man das Lustige an der Firmenaufschrift erkennen.

A **Lies die Firmenaufschriften. Bei welcher musst du schmunzeln? Warum?**

B **Welche Firmenaufschriften findest du besonders lustig? Male diese Schilder an.**

18 Satzteile zu einer Sinneinheit zusammenfügen

Wer den ersten Teil eines Satzes liest und versteht, kann erahnen, wie der Satz weitergehen könnte. Der zweite Teil des Satzes muss inhaltlich und grammatikalisch zum ersten Teil passen.

A **Verbinde die Satzteile zu sinnvollen Sätzen.**

Im Herbst werden	manchmal traurig.
Onkel Hans kommt nicht,	schmeckt bitter.
Die Medizin	die Blätter bunt.
Ein Clown ist auch	weil er krank ist.
Ein Turm ist höher	König der Tiere.
Den Löwen nennt man	in den Weltraum.
Die Rakete fliegt	als ein Haus.
Ein Elefant hat	die Wiesen grün.
Im Frühling werden	obwohl es regnet.
Die Kinder sind im Freien,	zwei Stoßzähne.
Zitronen	sind sauer.
Meerwasser kann	lerne und spare.
Nütze die Jahre,	man nicht trinken.
Sonnenbrillen schützen	einen Helm tragen.
Beim Radfahren sollst du	vor grellem Licht.

B **Wähle aus deiner Fibel fünf Sätze aus. Schreibe jeden Satz auf einen Papierstreifen. Schneide dann die Streifen in der Mitte auseinander. Vermische die Teile und baue sie wieder zu Sätzen zusammen.**

19 Sätze genau lesen

In der folgenden Übung werden zu jedem Bild drei ähnliche Sätze angeboten. Man muss daher genau lesen, das Gelesene verstehen und mit dem Bild übereinstimmen. Erst dann kann man sagen, welcher Satz passt. Es kann auch sein, dass zwei Sätze für ein Bild zutreffen.

A Kreuze jene Sätze an, die zum Bild passen.

○ Ein Mädchen fährt Schi.

○ Ein Junge fährt Snowboard.

○ Ein Mädchen fährt Snowboard.

○ Ein Fahrer sitzt im Auto.

○ Zwei Personen sitzen im Auto.

○ Niemand sitzt im Auto.

○ Oma näht einen Schal.

○ Opa strickt einen Schal.

○ Oma strickt einen Schal.

○ Das Huhn legt zwei Eier.

○ Zwei Hühner legen drei Eier.

○ Zwei Eier liegen im Nest.

○ Das Mädchen hat lange Haare.

○ Die langen Haare sind glatt.

○ Das Mädchen hat lange Beine.

○ Die beiden Herren begrüßen sich.

○ Beide Herren tragen Hüte.

○ Ein Herr trägt einen Hut.

B Schreibe drei Sätze, die nicht angekreuzt wurden, in dein Übungsheft und male ein passendes Bild dazu.

20 Eine Geheimschrift lesen

Durch das Weglassen von einigen geraden Strichen wird das Schriftbild verändert und schaut etwas ungewohnt aus. Diese „Geheimschrift“ spornt zum Lesen an. Wer möchte nicht gerne wissen, was sich hinter dieser Nachricht verbirgt?

A **Versuche, die geheime Nachricht zu lesen.**

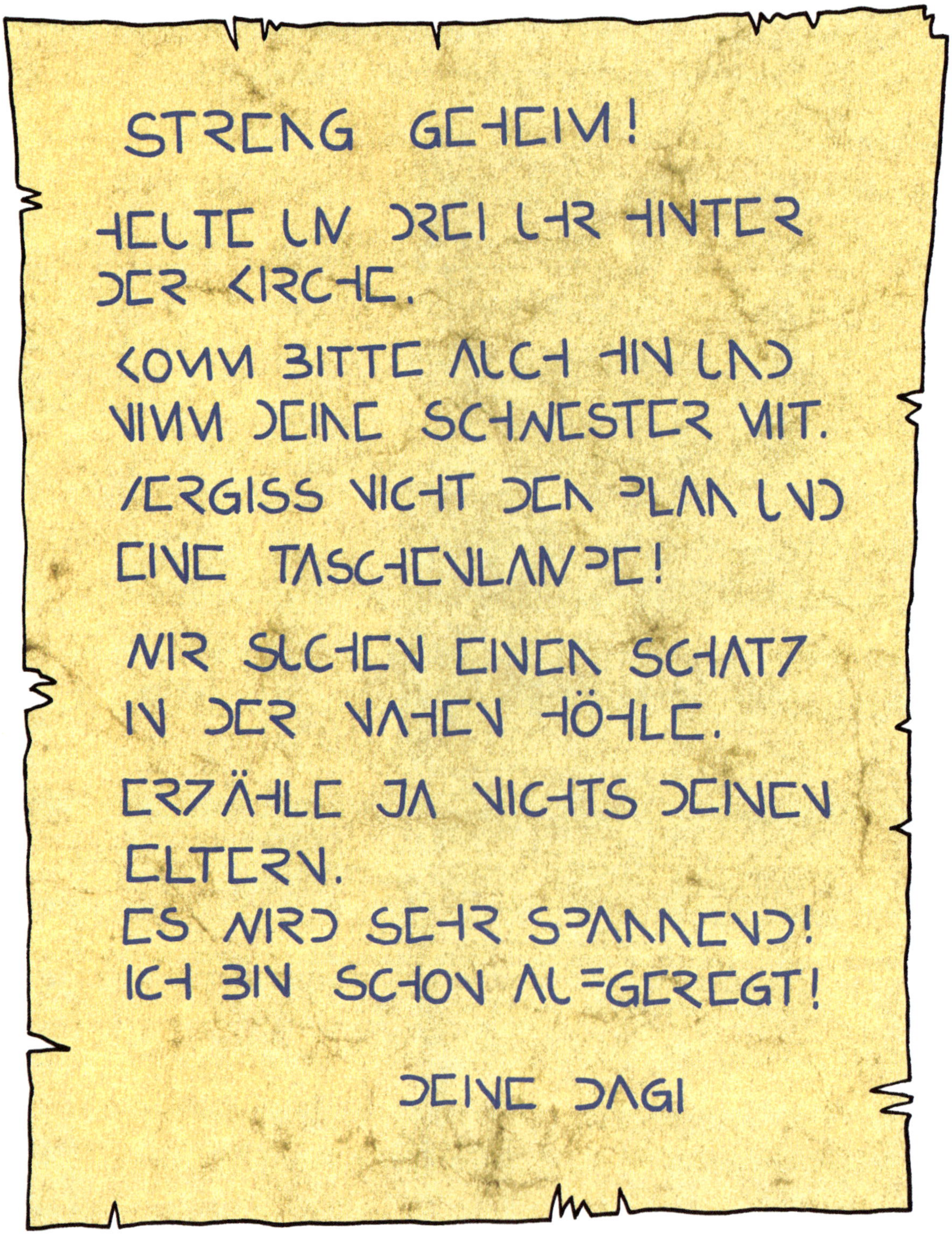

B **Ergänze bei den Buchstaben die fehlenden Striche.**

21 Schilder lesen

In unserem täglichen Leben treffen wir auf zahlreiche Schilder. Die Information auf Schildern ist meist kurz gehalten, manchmal besteht sie nur aus einem Wort, zB *RASTHAUS*. Liest man dieses Schild, weiß man nicht nur, dass hier ein Rasthaus ist, sondern gleichzeitig, dass man hier etwas zu trinken und zu essen bekommt oder auf die Toilette gehen kann.

A Welches Schild passt zu welchem Bild? Lies genau, was auf den Schildern steht. Schreibe dann die Nummern der Schilder in die gelben Felder.

7 Dr. Max Baldrian

1 Das Betreten der Gleise ist verboten!

3 Vor dem Schwimmen duschen!

2 Bitte nicht füttern!

6 Nur für Kleinkinder!

5 Bitte nicht stören!

4 Kein Trinkwasser!

B Gehe auf Schilderjagd in deiner Umgebung. Schreibe einige auf.

22 Verdeckte Wörter erlesen

Den Sinn von Wörtern können geübte Leserinnen und Leser aus dem Satzganzen erschließen. Selbst wenn Teile des Wortes verdeckt sind, kann man das Wort richtig lesen.

A **Versuche, den folgenden Text zu lesen. Wenn du nicht gleich weißt, wie das verdeckte Wort lautet, sei nicht verzweifelt. Wenn du gut überlegst, kommst du sicher dahinter.**

Ein Löwe hatte sich auf der Jagd einen Dorn in die Pranke getreten. Der L[redacted]e versuchte, ihn mit den Zäh[redacted]n herauszuziehen. Doch der D[redacted] steck[redacted]so tief im Fleisch, dass es ihm [redacted]t gelang. Er leckte und leckte seine Wunde, aber sie entzündete sich und schmerzte im[redacted] mehr.

In[redacted]r Nähe weidete ein Hirte se[redacted]Sc[redacted]e. Er saß auf einem Stei[redacted]nd spielte auf seiner Flö[redacted] Da kam der [redacted]we näher. Der Hirte hatte A[redacted]t. Er warf die [redacted]te weg und versteck[redacted]sich in se[redacted]r Herde. Er hoffte, dass der Löwe nur ein Schaf fre[redacted]n würde.

Der Löwe ab[redacted]hinkte geradewegs durch [redacted] Schafherde auf den Hi[redacted]n zu. Vor dem Hirten blieb[redacted]stehen und legte ihm seine Pranke in den Schoß. Der Hi[redacted]sah den Dorn und hatte Mitleid[redacted]t dem Löwen. Er nahm sein Messer und zog de[redacted]Dorn heraus. Dankbar leckte ihm der Löwe die H[redacted]d und blieb einige Tage b[redacted]ihm. Als die Wunde gehei[redacted]ar, kehrte der Löwe in [redacted] Wildnis zurück.

B **Kopiere einen Text aus deinem Lieblingsbuch. Übermale mit einem dunklen Filzstift einige Textstellen. Versuche dann, den Text zu lesen.**

23 Anfangs- und Endlaute in einem Wort abhören

Schreiben hat etwas mit dem Hineinhören in ein Wort zu tun. Am besten hört man den Laut am Wortanfang und am Wortende. Das Hineinhören in ein Wort kann geübt werden.

A **Sprich das gezeichnete Wort. Schreib den Anfangs- und den Endlaut in die leeren Kästchen.**

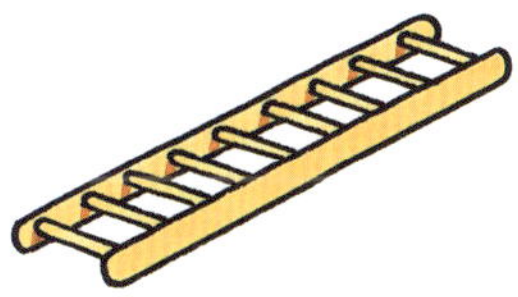

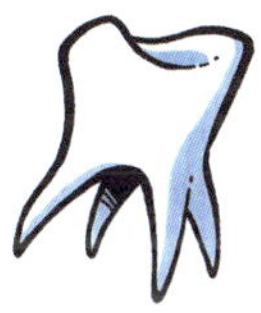

B **Wähle zehn Dinge aus, die du in deinem Zimmer siehst. Schreibe für jedes Ding ein Zettelchen mit den Anfangs- und Endbuchstaben des Wortes.**

24 Den zweiten Laut eines Wortes abhören

Das Hineinhören in ein Wort kann man üben. Schreibanfänger verfügen über diese Fähigkeit nur in einem bescheidenen Ausmaß. Werden in Übung 23 der Wortanfang und das Wortende abgehört, geht es in dieser Übung um das Abhören des zweiten Lautes in einem Wort.

A **Sprich das Wort deutlich aus. Welchen Wortanfang hörst du? Spure den richtigen Wortanfang mit einem Farbstift nach.**

Sa
So

Ra
Ro

Be
Bi

Wo
We

Pe
Pi

Ko
Ka

Ga
Go

Di
Do
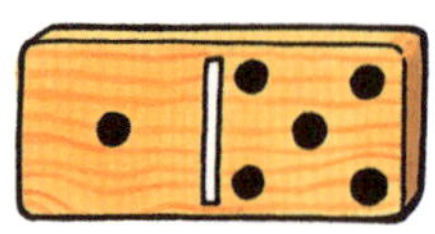

Ha
Hu
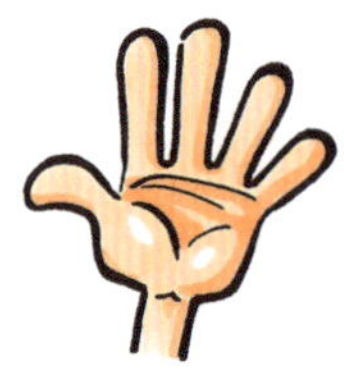

Re
Ro

Lö
Le

To
Ta

Ba
Bo

Fe
Fö

Za
Ze

La
Le

Me
Ma

Nu
Na

B **Versuche zehn Wörter vollständig aufzuschreiben. Lass das Ergebnis von den Eltern kontrollieren. Schreibe dann die richtigen Wörter in dein Übungsheft.**

25 Wörter mit Zwielauten schreiben

Grundsätzlich steht für jeden Laut **ein** Buchstabe. Es gibt einige Laute, die aber mit zwei Buchstaben abgebildet werden: *au, ei, eu*. Diese Laute nennt man Zwielaute.

A Sprich die Wörter deutlich. Was fehlt? Trage *au*, *ei* oder *eu* ein.

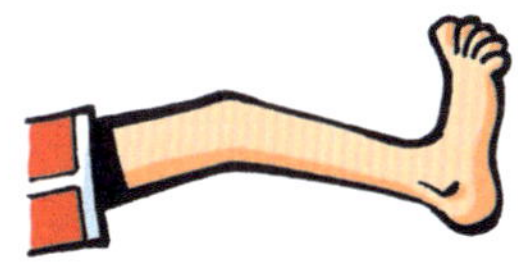

H ___ s F ___ er B ___ n

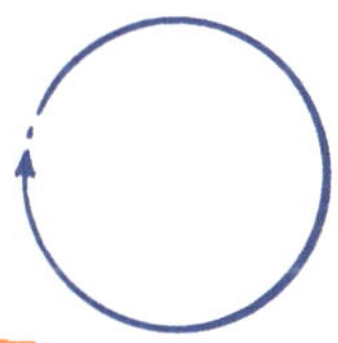

B ___ le Kr ___ s ___ to

B ___ m H ___ Am ___ se

Kl ___ d dr ___ n ___ n

zw ___ Schw ___ n ___ ro

B Übermale die eingesetzten Zwielaute so: *au* = rot, *eu* = grün, *ei* = gelb.

26 Wörter mit St und Sp am Wortanfang schreiben

Steht *St* oder *Sp* am Wortanfang, weicht die Schreibung von der Aussprache ab. Wir sprechen *schp* und schreiben *Sp*, wir sprechen *scht* und schreiben *St*. Schreibanfänger neigen dazu, Wörter mit *st* und *sp* so zu schreiben, wie sie gesprochen werden. Daher soll ihnen diese Abweichung durch die folgende Übung bewusst gemacht werden.

A **Sprich die Wörter deutlich. Was hörst du? Setze *St* oder *Sp* ein.**

inne

orch

iegel

ern

echt

ecker

aten

raße

eer

agetti

iege

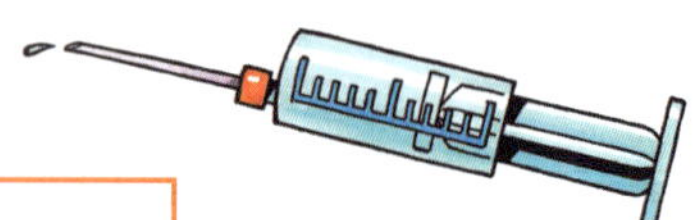

ritze

all

achtel

rauch

B **Übermale *St* rot und *Sp* grün.**

27 Wörter mit den Endungen -el und -er schreiben

Die Endungen *-el* und *-er* sind schwer abzuhören. Wir sprechen sie in der Umgangssprache nicht so, wie sie geschrieben werden, zB *Rüssl* statt *Rüssel*, *Mutta* statt *Mutter*. Daher werden diese Endungen von Schreibanfängern auch mitunter so geschrieben, wie sie gesprochen werden. Mit dieser Übung soll die Aufmerksamkeit auf die richtige Schreibung der Endungen gelenkt werden.

A **Sprich jedes Wort. Was hörst du am Wortende? Trage nun *-el* oder *-er* ein.**

Schlüss ☐

Mess ☐

Ig ☐

Hamm ☐

Keg ☐

Taf ☐

Tell ☐

Löff ☐

Vog ☐

Mal ☐

Schauf ☐

Bech ☐

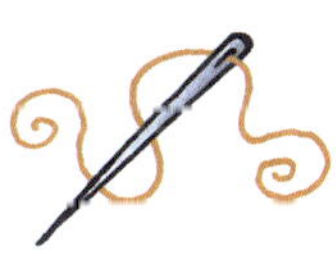
Nad ☐

Gab ☐

Würf ☐

B **Übermale die zwei verschiedenen Endungen mit deinen Lieblingsfarben.**

28 Wörter mit kleinen Unterschieden schreiben

Es gibt ähnliche Wörter, die sich nur durch einen einzigen Buchstaben unterscheiden. Sie klingen ähnlich, obwohl sie eine ganz andere Bedeutung haben. Das Schriftbild ähnlicher Wörter unterscheidet sich aber nur gering.

A **Tausche den durchgestrichenen Buchstaben aus. Schreibe das neue Wort darunter.**

a	W	b	W
H~~u~~nd	~~S~~and	~~W~~ald	~~K~~ind
Hand	______	______	______
w	F	i	l
~~B~~ild	~~N~~est	~~A~~st	ha~~r~~t
______	______	______	______
u	h	Kn	R
B~~a~~ch	~~w~~eiß	~~B~~all	~~W~~iese
______	______	______	______
k	w	l	l
~~l~~aufen	~~s~~ollen	vie~~r~~	~~s~~ieben
______	______	______	______
d	d	t	kl
~~m~~ir	~~m~~ich	mi~~r~~	~~f~~ein
______	______	______	______
o	g	m	d
H~~a~~se	~~B~~latt	~~l~~achen	En~~t~~e
______	______	______	______

B **Schreibe Wortpaare in dein Übungsheft, die sich reimen, zB *Sand – Wand*.**

29 Wörter in Silben trennen

Wörter kann man silbenweise sprechen, zB *Na se*. Beim Schreiben kann man Wörter auch an der Silbengrenze abteilen, zB *Na – se*. Wenn man längere Wörter schreibt, ist es vorteilhaft, Silbe für Silbe mitzusprechen, zB *Kro ko dil*.

A Sprich die Wörter deutlich. Beim Sprechen kannst du sie in Silben teilen. Schreibe jedes Wort mit zwei Farben in die Kästchen.

Apfel A p | f e l

Auto

Birne

Blume

Ente

finden

Finger

haben

halten

Hase

hören

Katze

laufen

machen

Mutter

Nase

reden

sagen

Schule

sieben

sollen

unser

Vater

Vogel

weinen

Wiese

B Wähle zehn Wörter aus und schreibe sie so in dein Übungsheft:
Bir – ne, Blu – me, Fin – ger …

30 Zahlen bis zwölf schreiben

Normalerweise werden Zahlen bis zwölf in Texten ausgeschrieben, das heißt so geschrieben, wie sie gesprochen werden. In der Mathematik schreibt man Zahlen dagegen immer als Ziffern.

A **Schreibe die Zahlen auf.**

Zahl als Wort	Zahl als Ziffer
eins	1

B **Ordne die Zahlen nach der Größe. Beginne bei 1.**
Schreibe die Zahlen als Wort und Ziffer in dein Übungsheft.

31 Sich selbst vorstellen

Die Vorlage soll nur als Schreibanregung dienen. Ein Steckbrief über sich selbst wird natürlich ganz anders aussehen und mehr Einzelheiten enthalten. Die Verbindung von Text und Zeichnung als Ausdrucksform entspricht dem Alter.

A **Lies den Steckbrief von Jonas. Stell dich dann selbst vor.**

B **Stelle eine Person vor, die du sehr gern hast, zB *Das ist Mama. Sie …* Gestalte ein Plakat und schenke es dieser Person.**

32 Über Reiseziele schreiben

Bei dieser Schreibaufgabe können Kinder ihre Reisewünsche äußern und in Wort und Bild zu Papier bringen. Der Wunsch von Simon kann eine Vorlage sein, die ohne Probleme auf den eigenen Wunsch abgeändert werden kann.

A **Lies, welchen Reisewunsch Simon hat. Schreibe und male dann, wohin du gerne fahren möchtest.**

B **Schreibe und male, wo du im Vorjahr gewesen bist.**

33 Über Lieblingsspeisen schreiben

Bei dieser Schreibaufgabe sollen Kinder in Wort und Bild festhalten, was sie gerne beziehungsweise am allerliebsten essen.

A **Lies, was Lisa gerne isst. Zeichne anschließend einen Teller, in den du deine Lieblingsspeisen hineinmalst und hineinschreibst.**

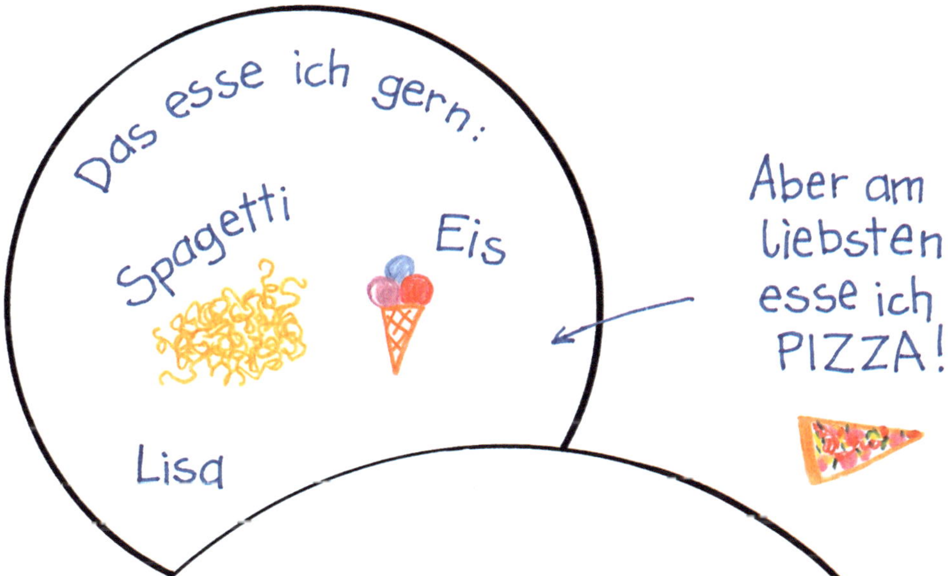

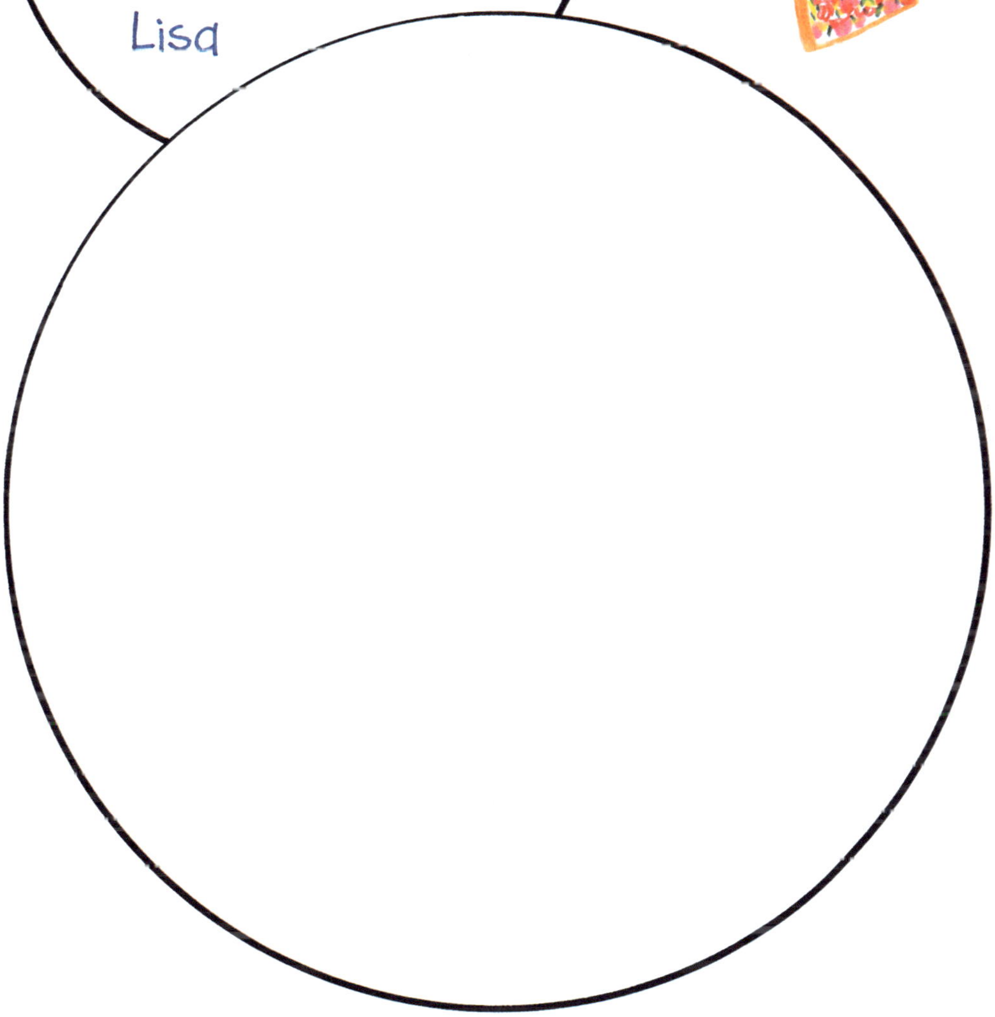

B **Male und schreibe die Lieblingsspeisen deiner Mama oder deines Papas in das Übungsheft.**

34 Eine Einladung zu einem Fest gestalten

Eine Einladung muss wesentliche Informationen enthalten: Grund der Einladung, Ort, Zeit. Darüber hinaus könnte man noch etwas zum Ablauf mitteilen, damit die eingeladenen Kinder auch entsprechend gekleidet sind, zB *Spiele im Garten, Baden im Pool …* Neben dem Inhalt ist auch die Gestaltung wichtig. Hier kann man sich einiges einfallen lassen.

A **Lies die Einladung von Florian. Schreibe und zeichne eine Einladung zu einem Fest, das du gerne feiern möchtest.**

B **Schreibe eine Liste mit Kindern, die du zum Fest einladen würdest.**

35 Ein Tier beschreiben

> Bei den ersten Beschreibungen beschränken sich Kinder in diesem Alter auf wenige Merkmale.

A **Vera hat ihre Katze beschrieben. Lies die Beschreibung.**
Male und beschreibe dein Lieblingstier.

Mein Lieblingstier

Das ist Mia.
Sie spielt gerne.

Mia ist grau.
Mia fängt keine Mäuse.

B **Betrachte in einem Buch oder einer Zeitung das Bild eines Tieres. Schreibe auf, wie es aussieht, wo es lebt, was es gerne macht und wovon es sich ernährt.**

36 Über Wunschträume schreiben

Was wäre, wenn? Mit diesem Gedanken spielen auch Erwachsene gerne. Genauso dürfen Kinder von fast nicht erfüllbaren Wünschen träumen. Bei dieser Schreibaufgabe werden sie eingeladen, drei Traumwünsche aufzuschreiben. Dabei können Kinder ihrer Fantasie freien Lauf lassen.

A **Eine gute Fee erscheint im Traum und stellt drei Wünsche frei. Was würdest du dir von der guten Fee wünschen? Lies, was sich Arif wünscht. Schreibe dann deine drei Wünsche auf.**

B **Denke bei den Wünschen an Personen, die du sehr gern hast. Was würdest du dir für diese Personen wünschen? Schreibe drei Wünsche in dein Übungsheft.**

37 Über Hobbys berichten

Bei dieser Schreibaufgabe werden Kinder eingeladen, über eigene Hobbys zu berichten. Dabei können sie in Bild und Wort ihre Lieblingsbeschäftigungen zu Papier bringen.

A **Lies, was Emanuel gerne macht. Was machst du gerne? Male und schreibe.**

B **Schreibe eine Liste mit Hobbys deiner Geschwister, Freunde und Eltern, zB**
Papa: wandern, Tennis spielen
Mama: Golf spielen, Gartenarbeit …

38 Eine Geschichte in Bildern erzählen

Die Mischung aus Bildern, Sprechblasen und Sätzen ist Kindern meist in Form von Comics bekannt. Die vorgegebene Geschichte soll wiederum als Anregung dienen, ein eigenes Erlebnis in vier Bildern festzuhalten.

A **Lucia hat ein spannendes Badeerlebnis gezeichnet. Schau und lies, was passiert ist. Male und schreibe dann, was du erlebt hast.**

B **Schreibe deine Geschichte ohne Bilder in dein Übungsheft. Du musst noch einige Sätze ergänzen.**

1 **Ordne die Kindernamen zu!**

Schreibe den Namen oder zeichne das Gesicht auf die passende Seite des Spielplatzes!

Links ← L Rechts → R

Kevin R	Lara L	Selina R	Teresa L	Lisa L	Lukas L

Stefanie R	Max R	Niklas R	Sara R	Ralf L	Mona L

1 Bemale den angegebenen Punkt!

Bemale: rechts	Bemale: links	Bemale: oben
Bemale: rechts	Bemale: unten	Bemale: links
Bemale: unten	Bemale: links	Bemale: rechts
Bemale: oben	Bemale: rechts	Bemale: links

1 Male „mehr“ rot und „weniger“ blau an!

2 Wo sind mehr?
Ringle rot ein!

Wo sind weniger?
Ringle blau ein!

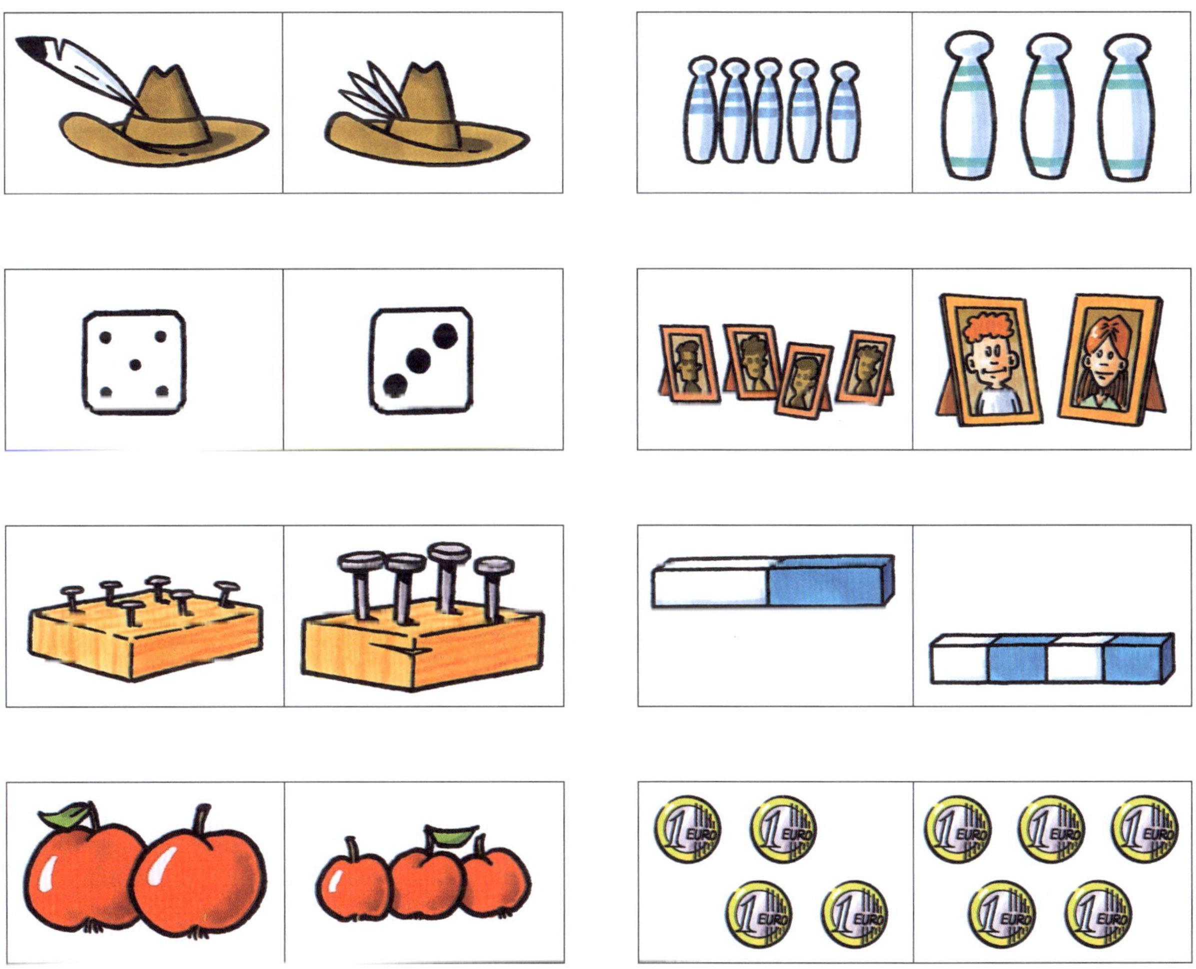

IMMER GLEICH VIEL

1 Immer gleich viel!

3	=	3		=	5

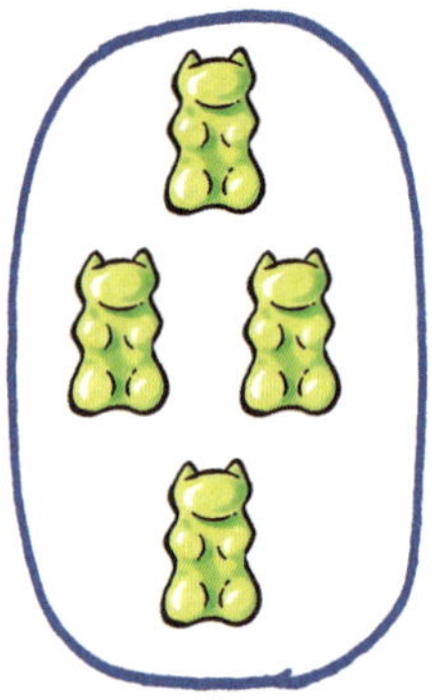
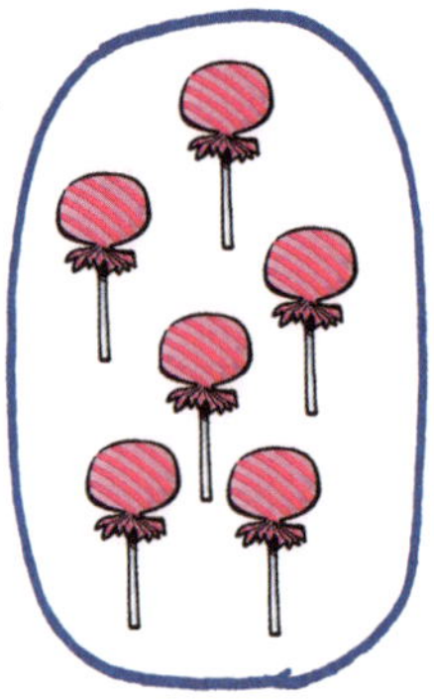

4	=			=	6

2 Setze ein!

	=	2	4	=	
	=	1	5	=	
3	=			=	6

3 Die Bilder sollen gleich sein!

1 Schreibe die Rechnungen an!

3	+	1

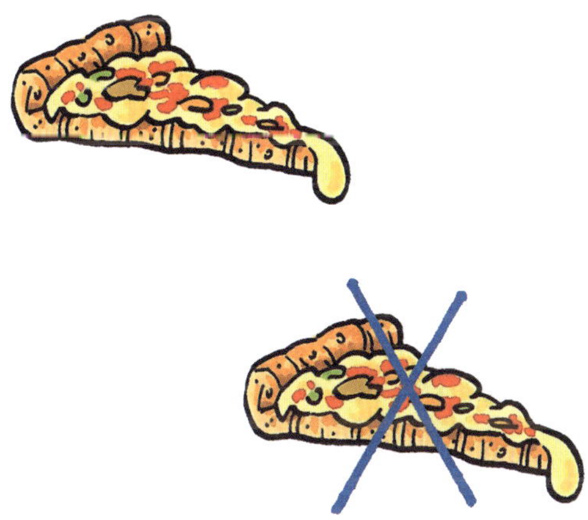

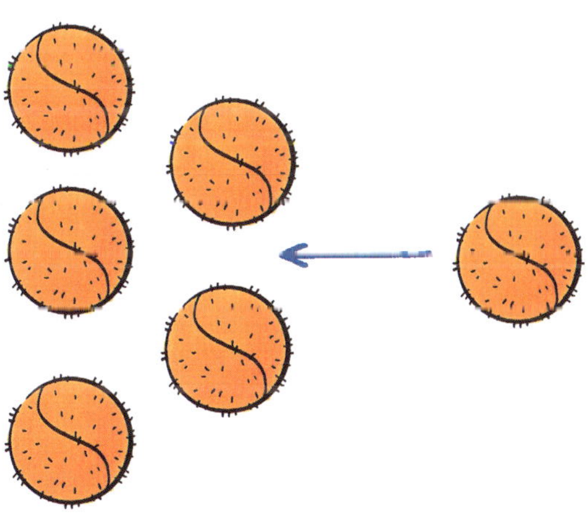

1 Schreibe an und rechne!

4 + ____ = ____

____ − 1 = ____

2 Male an! 4 = blau, 5 = rot, 6 = gelb

2 + 2	3 + 2	2 + 4	1 + 3	
0 + 6	4 + 1	2 + 3	1 + 4	
1 + 5	6 + 0	5 + 1	5 + 0	4 + 0
3 + 1	0 + 4	4 + 2	0 + 5	

3 Immer 6 Blätter. Zeichne die fehlenden grünen Blätter dazu und rechne!

2 + ____ = 6 3 + ____ = 6 6 + ____ = 6 5 + ____ = 6

4 Rechne!

5 − 1 = ____	6 − 2 = ____	4 − 4 = ____
3 − 2 = ____	2 − 2 = ____	6 − 5 = ____
6 − 0 = ____	5 − 3 = ____	4 − 2 = ____
1 − 0 = ____	6 − 6 = ____	5 − 4 = ____

1 Schreibe die Plusrechnung auf!

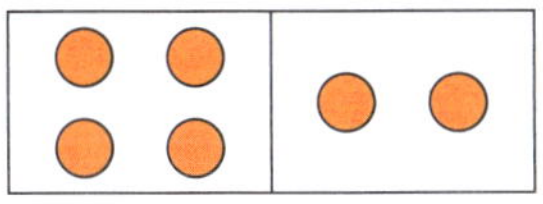 ______

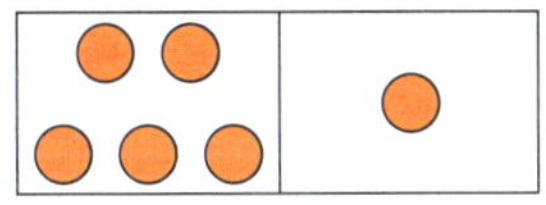 ______

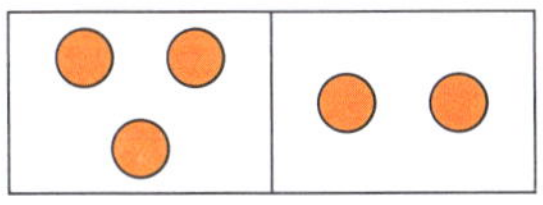 ______

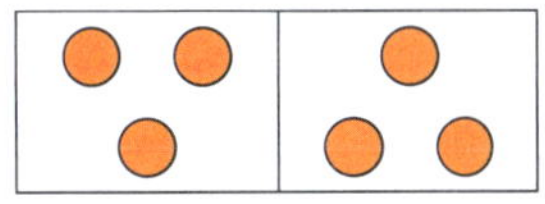 ______

2 Wie viele sind es? Schreibe die Plusrechnung dazu!

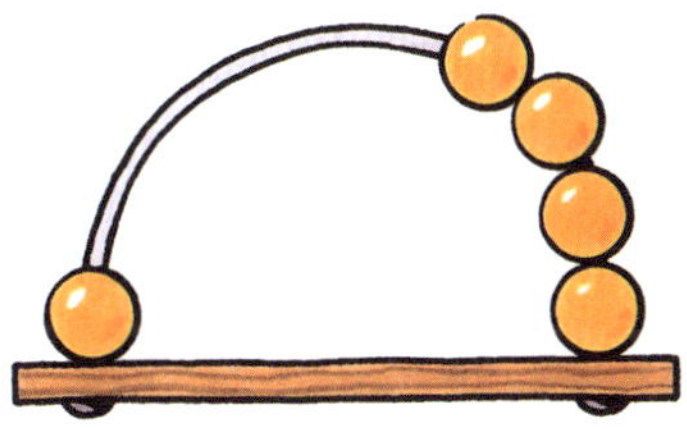

______ ______ ______

3 Schreibe die Rechnung an!

___ − ___ = ___ ___ − ___ = ___

4 Schreibe die Minusrechnungen dazu!

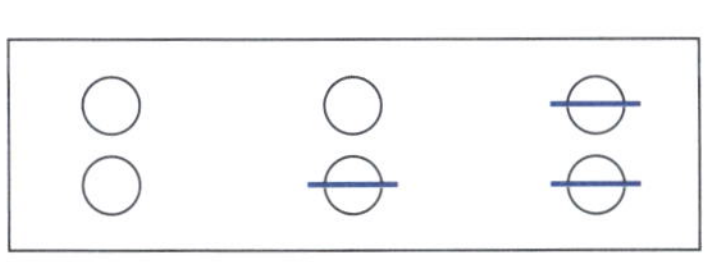

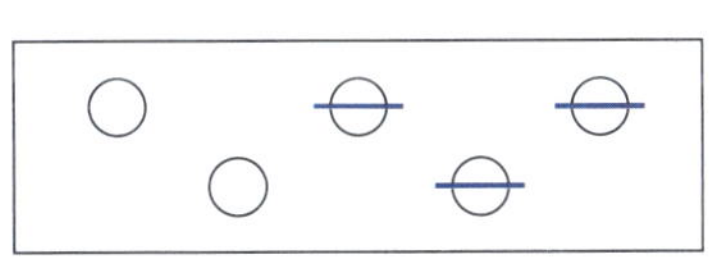

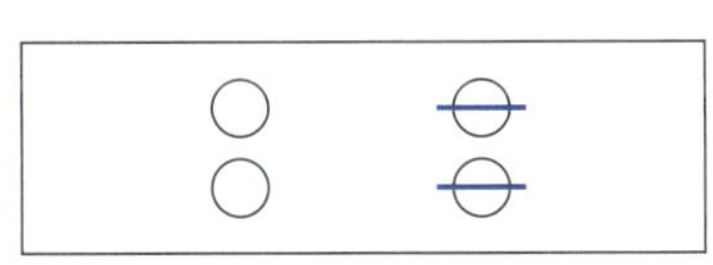

______ ______ ______

1 Ergänze die Aufgaben!

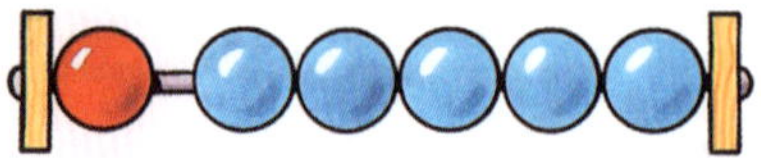

1 + ____ = ____

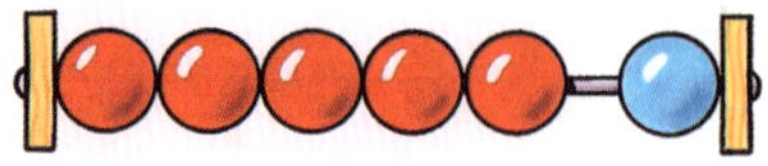

5 + ____ = ____

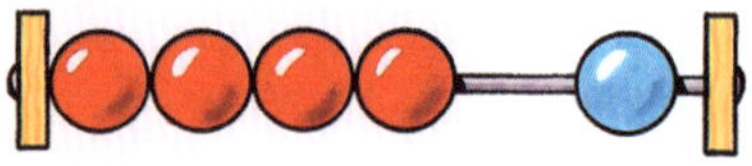

____

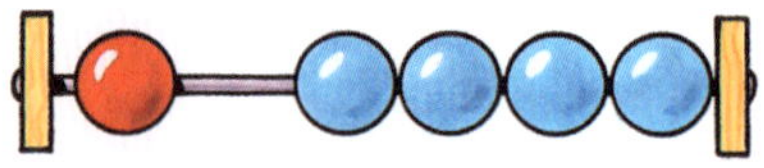

____

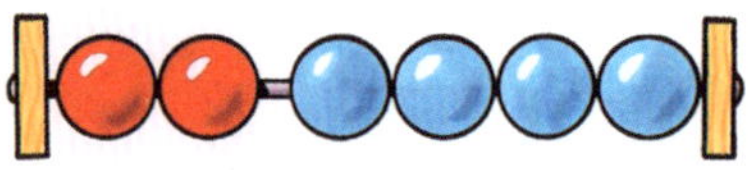

____

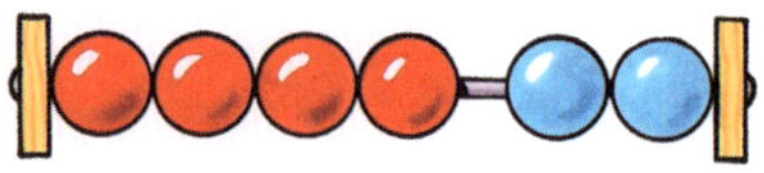

____

2 Male die Aufgabe und die Tauschaufgabe mit gleicher Farbe an!

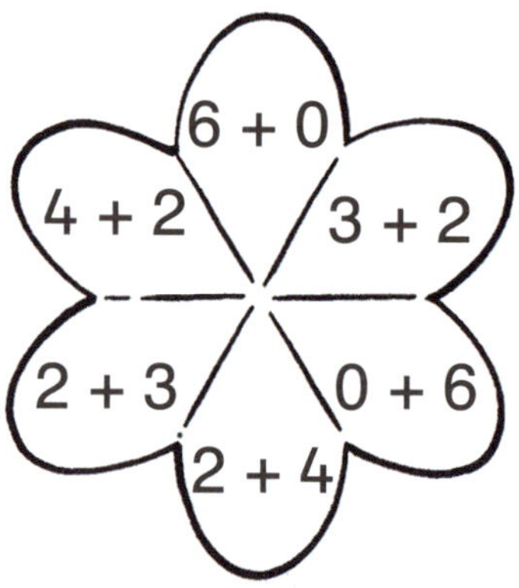

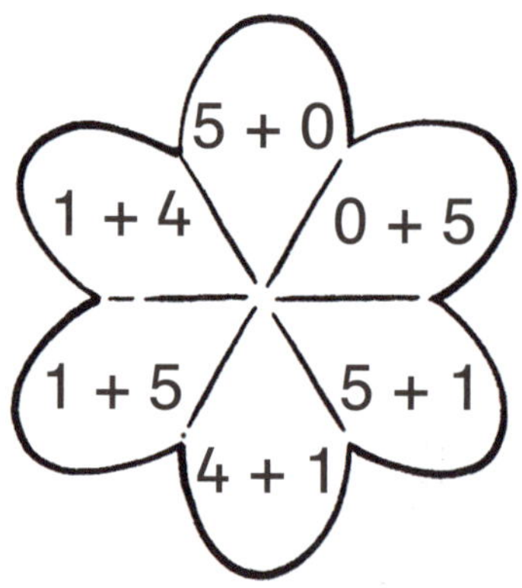

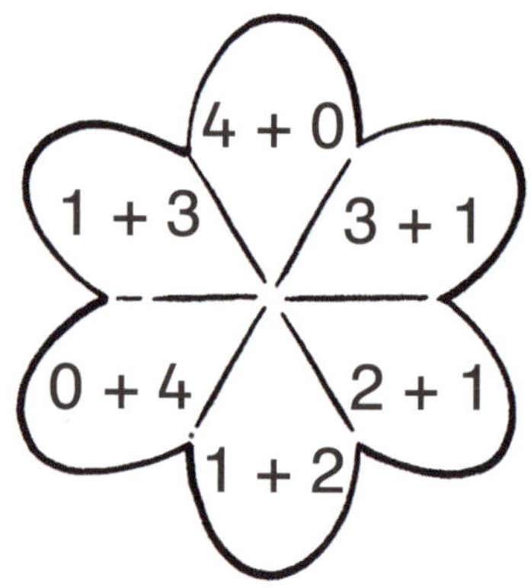

3 Finde die Rechnungen und die Tauschaufgaben dazu!

____ + ____ = ____

____ + ____ = ____

____ + ____ = ____

____ + ____ = ____

____ + ____ = ____

____ + ____ = ____

____ + ____ = ____

____ + ____ = ____

1

7 → 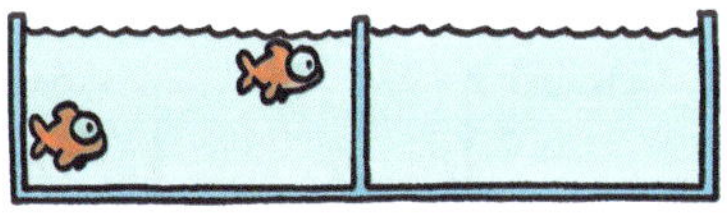

7 → 

7 → 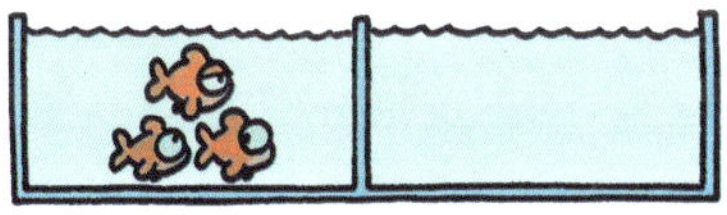

7 → 

7 → 

7 → 

7 → 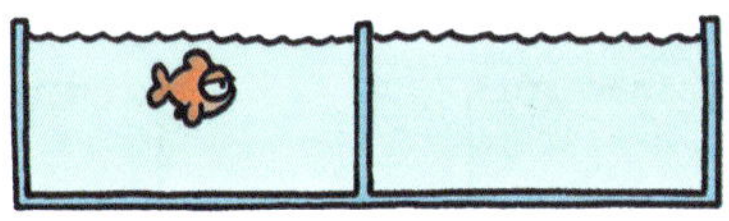

7 → 

2 Finde eine Rechnung!

______________________ ______________________

3 Wie alt ist  ?

5 + _____ = 7

7 – 4 = _____

6 + _____ = 7

7 – 2 =

1 + 6 = _____

5 + 2 = _____

1 + _____ = 7

3 + 4 = _____

7 – 2 = _____

7 + 0 = _____

7 – 7 = _____

3 + _____ = 7

7 – 6 = _____

 ist _____ Jahre alt.

Bemale die Ergebnisse!

9 4 7 8

5 8 7

9 7 1 8

8 3 9

9 7 1 8

0 9 6

9 5 2 8

1 Zerlege!

9 → 4 | ___ 9 → 5 | ___ 9 → 6 | ___

9 → ___ | 1 9 → ___ | 2 9 → ___ | 8

9 → 0 | ___ 9 → ___ | 3 9 → 7 | ___

2 Alle neune!

9 – 1 = ___ 9 – 0 = ___ 9 – 3 = ___

9 – 5 = ___ 9 – 6 = ___ 9 – 7 = ___

9 – 2 = ___ 9 – 4 = ___ 9 – 8 = ___

3 Wie viel fehlt auf neun?

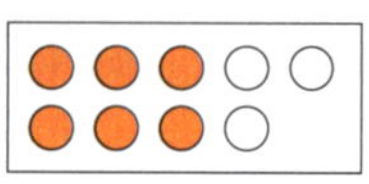 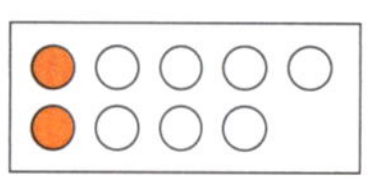 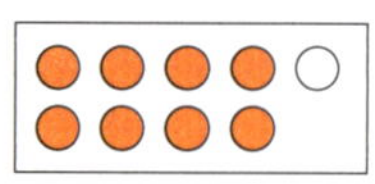 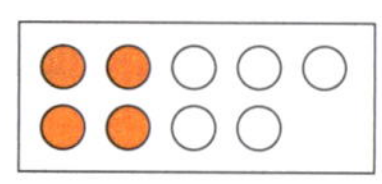 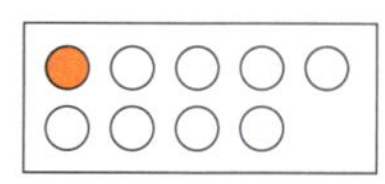

___ + ___ = ___ ___ + ___ = ___ ___ + ___ = ___ ___ + ___ = ___ ___ + ___ = ___

4 Ergänze!

1 + ___ = 9 2 + ___ = 9 4 + ___ = 9

3 + ___ = 9 5 + ___ = 9 6 + ___ = 7

7 + ___ = 8 6 + ___ = 9 7 + ___ = 9

9 + ___ = 9 0 + ___ = 8 8 + ___ = 9

1

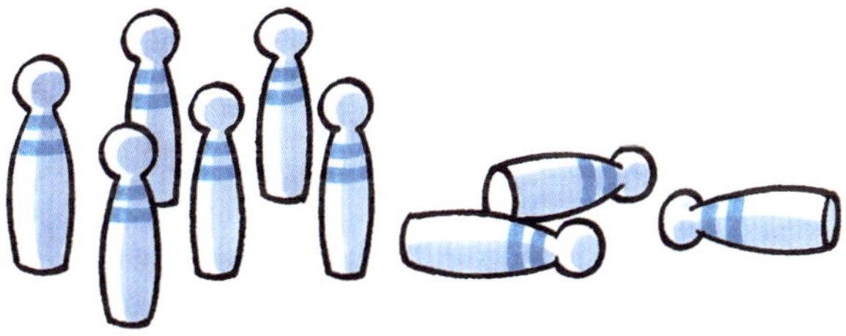

____ ◯ ____ = ____

____ ◯ ____ = 9

2 Zerlege!

8		
4	+	
	+	2
	+	0
3	+	
	+	7

9		
	+	5
3	+	
	+	0
	+	2
1	+	

7		
0	+	
6	+	
	+	5
4	+	
	+	2

3 Bemale die Felder mit den Ergebniszahlen!

3 + 6 = ____

4 + 5 = ____

5 + 2 = ____

7 – 4 = ____

9 – 6 = ____

8 – 5 = ____

6 – 1 = ____

0 + 7 = ____

1 + 8 = ____

5 + 3 = ____

2 + 3 = ____

6 – 3 = ____

4 – 1 = ____

3 + 4 = ____

1 + 7 = ____

6 + 2 = ____

8 – 0 = ____

7 – 1 = ____

0	3	1	8	1	8	2	3	1	5	2	8	2	3	2	3	0	6
9	2	5	0	3	2	9	0	7	1	7	0	7	1	9	1	8	2

1 Es sind 10  im . Nimm 4  heraus.

Da sind noch ____  im .

2 Rechne und setze fort!

10 – 0 = ____	10 – 5 = ____	10 – 10 = ____
10 – 1 = ____	10 – 6 = ____	10 – 8 = ____
10 – 2 = ____	10 – ____ = ____	10 – 6 = ____
10 – ____ = ____	10 – ____ = ____	10 – ____ = ____
10 – ____ = ____	10 – ____ = ____	10 – ____ = ____

3 Ergänze die fehlenden Zahlen!

0	1	2		4	5		7		9	

4 Welche Rechnung ist richtig? Kreuze an!

☐ 6 + 4 = 2	☐ 8 + 2 = 6	☐ 10 – 3 = 7
☐ 5 + 5 = 0	☐ 7 + 3 = 4	☐ 9 – 6 = 3

5 Rechne!

2 —(+ 2)→ ☐ —(+ 1)→ ☐ —(+ 5)→ ☐

10 —(– 2)→ ☐ —(– 5)→ ☐ —(+ 3)→ ☐

1 Ergänze!

0 | ☐ | 5 | ☐ | ☐ | 10

0 | ☐ | 6 | ☐ | ☐

2 Suche die passende Rechnung und schreibe sie ins Haus!

8 | 7 | 2 | 10 | 6

9 | 1 | 5 | 4 | 3

9 – 7 | 10 – 3 | 10 – 1 | 10 – 6 | 7 – 6

5 + 3 | 8 + 2 | 4 + 2 | 5 + 0 | 2 + 1

3 Rechne!

3 –3→ ☐ +4→ ☐ +5→ ☐ +1→ ☐

1 **Ergänze!**

2 **Lisa hat 7 . Oma schenkt ihr 3 .**
Wie viel hat sie?

R:

A: ______________________________

3 **Otto hat 5 Autos. Er bekommt noch 2.**
Wie viel hat er?

R:

A: ______________________________

4 **Peter hat 6 . Er verliert einen .**
Wie viel hat er?

R:

A: ______________________________

5 **Ergänze die Zahlen!**

0			3			6				10

1 Wie viele sind es?

Zehner	Einer

Zehner	Einer

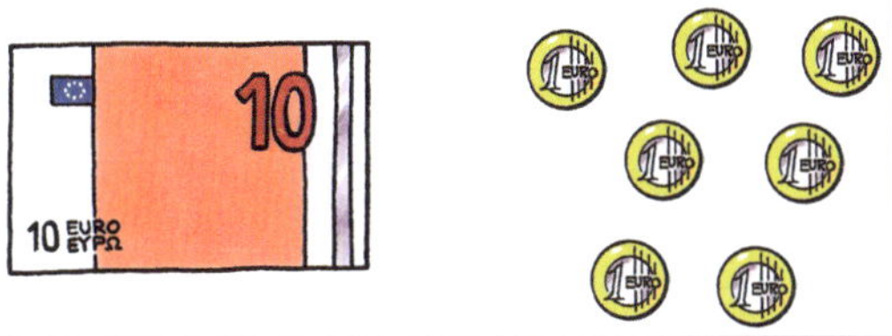

Zehner	Einer

Zehner	Einer

2 Rechne!

14 = 10 + ____   19 = 10 + ____   17 = 10 + ____

1 Z 5 E = ____   1 Z 2 E = ____   1 Z 8 E = ____

16 = ___ Z ___ E   11 = ___ Z ___ E   13 = ___ Z ___ E

2 Z = ____   10 + 5 = ____   10 + 7 = ____

20 = 20 + ____   18 = 10 + ____   1 Z 1 E = ____

3 Zerlege!

17	
10	
	15
	13

19	
17	
	10
12	

20	
15	
	13
19	

18	
	12
	13
10	

1 **Ergänze die fehlenden Zahlen!**

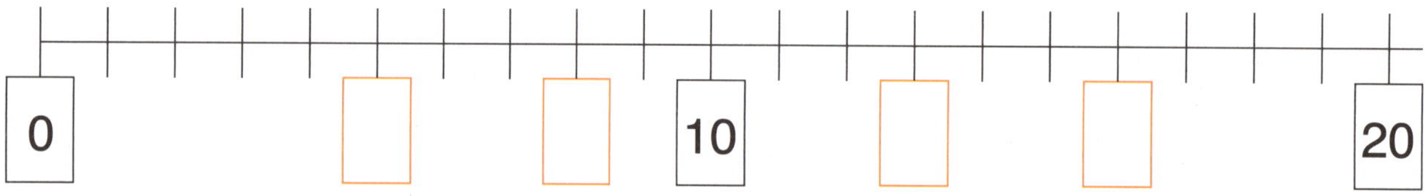

2 **Es waren 15**  **. Jetzt sind es nur mehr 11**  **.**
Wie viele kamen weg? Kreuze an!

☐ 15 ☐ 4 ☐ 11

3 **Es waren 18**  **. Jetzt sind es nur mehr 13**  **.**
Wie viele kamen weg? Kreuze an!

☐ 18 ☐ 13 ☐ 5

4 **Rechne!**

10 + ____ = 20 15 + ____ = 20 11 + ____ = 20

18 + ____ = 20 16 + ____ = 20 14 + ____ = 20

12 + ____ = 20 19 + ____ = 20 17 + ____ = 20

5 **Ergänze die fehlenden Zahlen!**

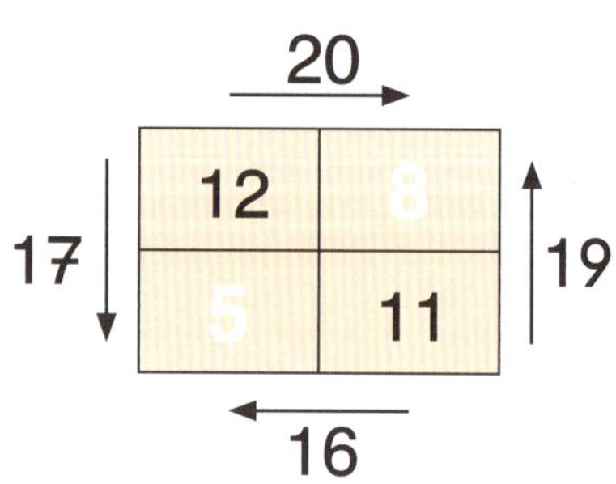

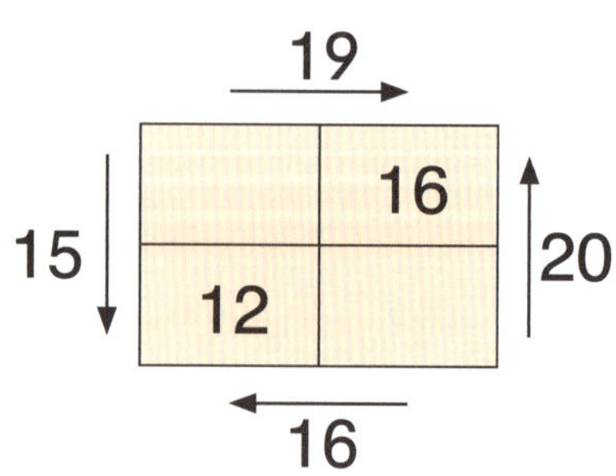

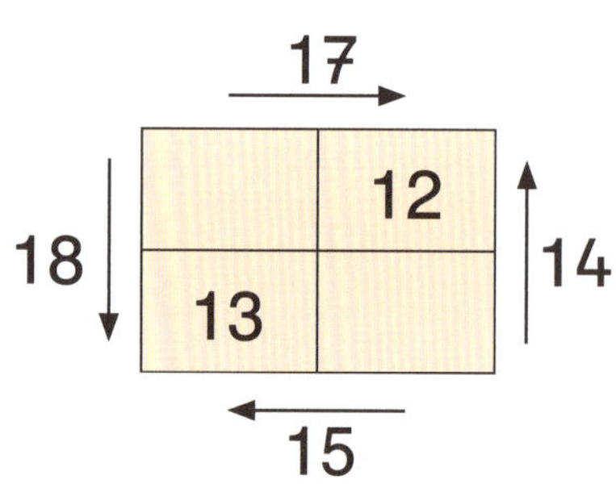

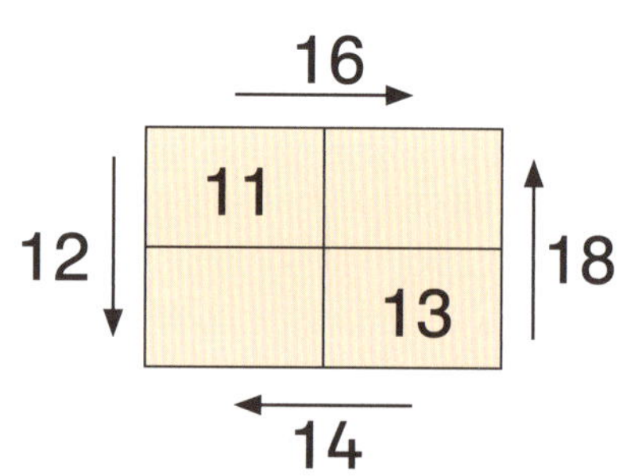

1 Rechne!

19 – 6 = ____	13 + 2 = ____	11 + 6 = ____
17 – ____ = 14	16 – 4 = ____	18 + ____ = 18
15 + 1 = ____	20 – 10 = ____	14 – ____ = 11
19 – 0 = ____	12 + ____ = 20	14 + ____ = 18
18 – 1 = ____	20 – 7 = ____	19 – 9 = ____
15 + 3 = ____	12 + 5 = ____	10 + 4 = ____
16 – ____ = 13	11 – ____ = 10	18 + 2 = ____

2 Ergänze die Zahlenfolgen!

20	18	16			

10	12	14			

3 Wie heißen die Zahlennachbarn?

17		
	14	

	12	
		20

4 Rechne!

20 –3→ ____ +1→ ____ +2→ ____

16 –5→ ____ +8→ ____ +1→ ____

12 +4→ ____ –5→ ____ +9→ ____

PLUS UND MINUS BIS 30

1 Suche die Zahlennachbarn!

	8	9	

			30

			27

19			

		23	

11			

2 Verwandte Aufgaben – rechne!

3 + 5 = ____ 8 – 3 = ____ 5 + 4 = ____

13 + 5 = ____ 18 – 3 = ____ 15 + 4 = ____

23 + 5 = ____ 28 – 3 = ____ 25 + 4 = ____

9 – 6 = ____ 7 + 2 = ____ 7 – 5 = ____

19 – 6 = ____ 17 + 2 = ____ 17 – 5 = ____

29 – 6 = ____ 27 + 2 = ____ 27 – 5 = ____

3 Rechne und streiche die Ergebniszahlen durch!

30 – 4 = ____ 30 – 10 = ____

30 – 1 = ____ 30 – 7 = ____

30 – 3 = ____ 30 – 6 = ____

30 – 5 = ____ 30 – 2 = ____

30 – 8 = ____ 30 – 9 = ____

27 25 26

21 24 28 20

22 23 29

4 Wie heißt die Zahl?

2 Z 4 E = ____ 1 Z 8 E = ____ 2 Z = ____

7 E = ____ 3 Z = ____ 2 Z 9 E = ____

1 Trage die folgenden Zahlen richtig ein!

5 29 12 23 6 18 27

									10
									20
									30

2 Zähle in Zweierschritten weiter!

12	14								30

4					14				

3 Ordne zu!

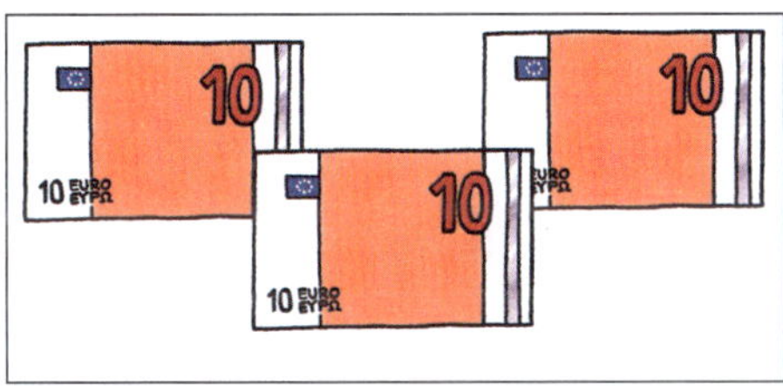

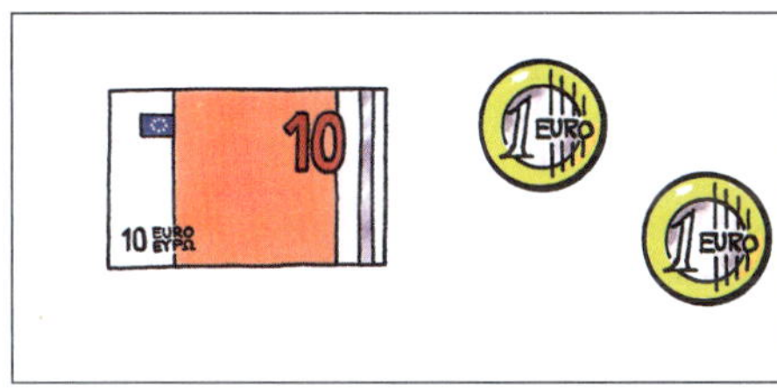

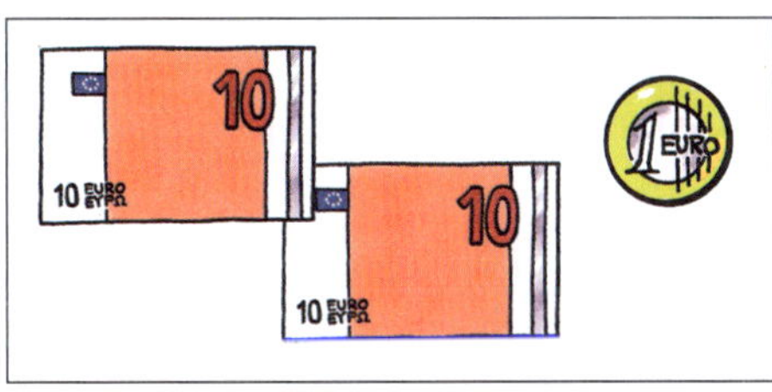

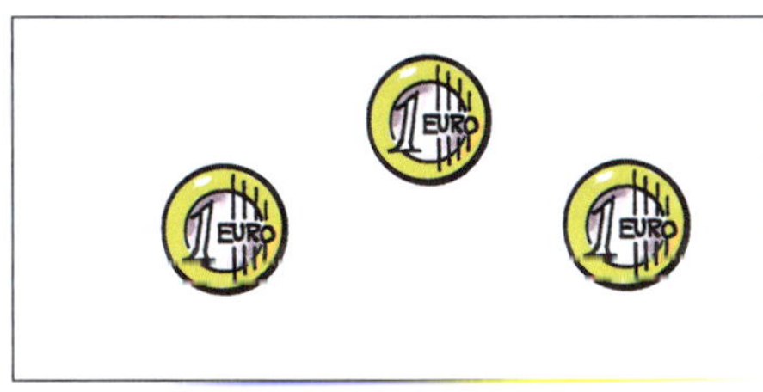

12 € 21 € 30 € 3 €

4 Rechne!

16 – ____ = 10 23 – ____ = 20 20 – ____ = 20

21 – ____ = 20 27 – ____ = 20 12 – ____ = 10

19 – ____ = 10 13 – ____ = 10 25 – ____ = 20

1 Rechne!

7 → + 3 → ☐ → + 10 → ☐ → – 5 → ☐

30 → – 10 → ☐ → + 3 → ☐ → + 5 → ☐

18 → – 4 → ☐ → + 6 → ☐ → – 7 → ☐

2 Setze + oder – ein!

14 ◯ 3 = 17	21 ◯ 4 = 25	13 ◯ 6 = 19
26 ◯ 4 = 22	28 ◯ 4 = 24	30 ◯ 6 = 24
30 ◯ 4 = 26	27 ◯ 2 = 25	16 ◯ 2 = 14
29 ◯ 8 = 21	28 ◯ 2 = 30	27 ◯ 3 = 30
27 ◯ 2 = 25	13 ◯ 3 = 16	29 ◯ 1 = 30
11 ◯ 7 = 18	24 ◯ 6 = 30	30 ◯ 3 = 27
25 ◯ 5 = 20	20 ◯ 2 = 18	15 ◯ 2 = 17

3 Die Kinder würfeln.

Anna würfelt  und  und . Sie hat _____ Punkte.

Max würfelt 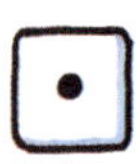 und  und . Er hat _____ Punkte.

Lena würfelt  und  und . Sie hat _____ Punkte.

Peter würfelt  und  und . Er hat _____ Punkte.

1 Rechne zuerst auf den Zehner!

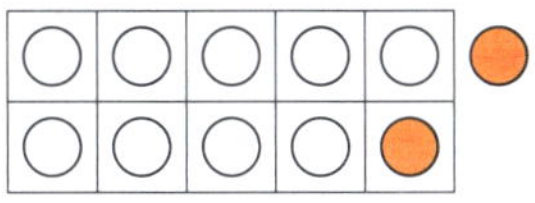

9 + 2 = ___

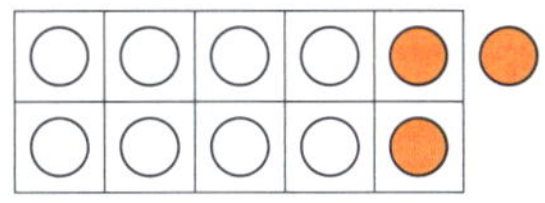

8 + 3 = ___

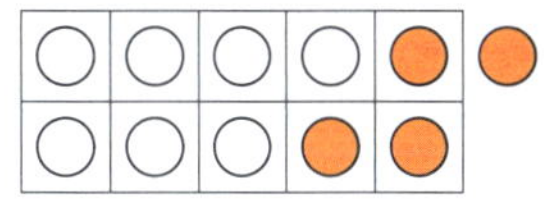

7 + 4 = ___

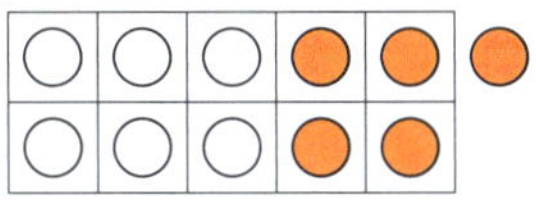

6 + 5 = ___

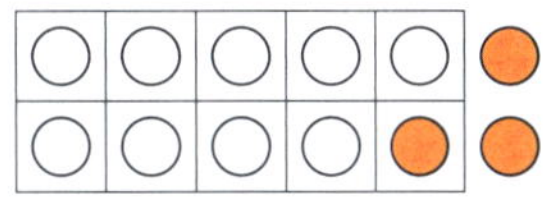

9 + 3 = ___

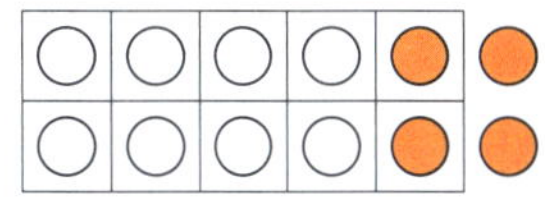

8 + 4 = ___

2 Rechne über den Zehner!

9 + 2 → 9 + 1 + 1 = ___	9 + 5 → 9 + ___ + ___ = ___
9 + 3 → 9 + 1 + ___ = ___	8 + 4 → 8 + ___ + ___ = ___
9 + 4 → 9 + 1 + ___ = ___	7 + 6 → 7 + ___ + ___ = ___
7 + 4 → 7 + 3 + ___ = ___	6 + 5 → 6 + ___ + ___ = ___
8 + 3 → 8 + 2 + ___ = ___	8 + 5 → 8 + ___ + ___ = ___
7 + 5 → 7 + 3 + ___ = ___	6 + 6 → 6 + ___ + ___ = ___

3 Wie viel fehlt auf 10? Schreib die Plusrechnungen auf!

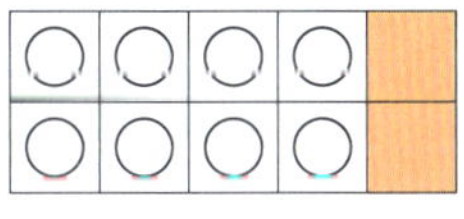

___

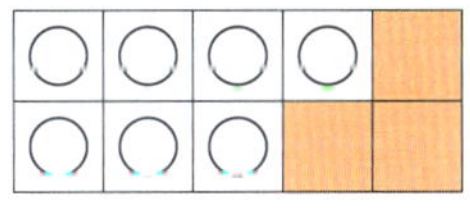

___

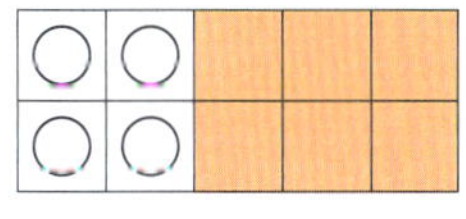

___

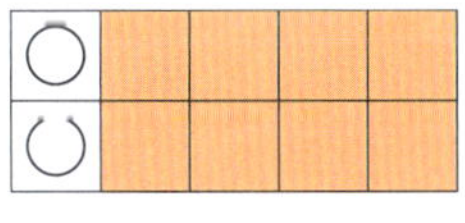

___

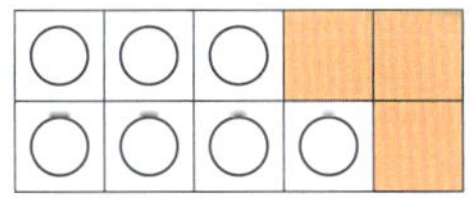

___

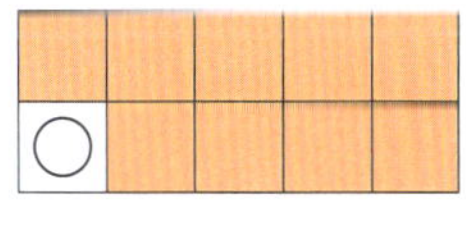

___

1 **Rechne über den Zehner!**

8 + 4 = ____	7 + 6 = ____	9 + 3 = ____
9 + 5 = ____	5 + 6 = ____	9 + 4 = ____
9 + 2 = ____	8 + 3 = ____	8 + 5 = ____
7 + 4 = ____	6 + 5 = ____	7 + 5 = ____

2 **Mia hat 9 € im . Sie gibt 3 € dazu. Wie viel € hat Mia im ?**

R: ______________________ A: Mia hat ____ im .

3 **Auf dem Dach sitzen 8 . 4  kommen dazu. Wie viele  sind es jetzt?**

R: ______________________ A: Auf dem Dach sitzen ____ .

4 **Im Sack sind 7 kg Äpfel. Papa gibt noch 5 kg dazu. Wie viele kg sind im Sack?**

R: ______________________ A: Im Sack sind ____ ____ Äpfel.

5 **Richtig** r **oder falsch** f **?**

9 + 3 = 13 ☐	8 + 4 = 11 ☐	7 + 6 = 14 ☐
9 + 4 = 13 ☐	9 + 5 = 14 ☐	5 + 6 = 11 ☐
6 + 5 = 13 ☐	9 + 2 = 12 ☐	8 + 3 = 11 ☐
7 + 5 = 12 ☐	7 + 4 = 11 ☐	8 + 5 = 13 ☐

1 Rechne zuerst zum Zehner!

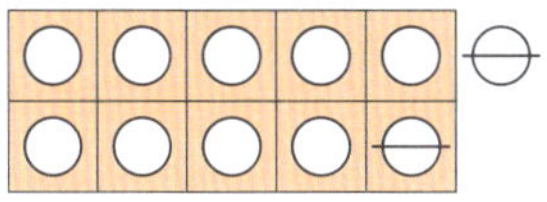

11 – 2 = ____

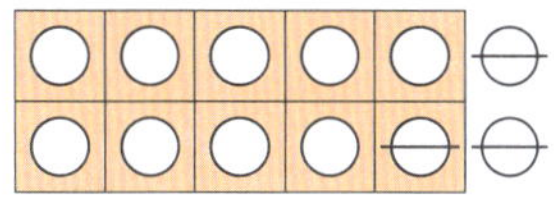

12 – 3 = ____

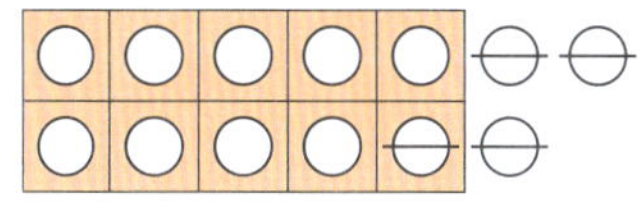

13 – 4 = ____

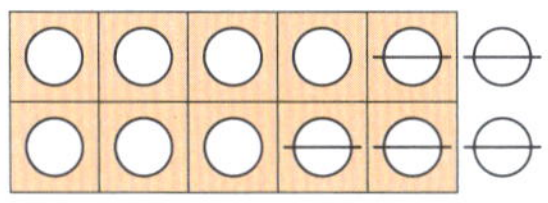

12 – 5 = ____

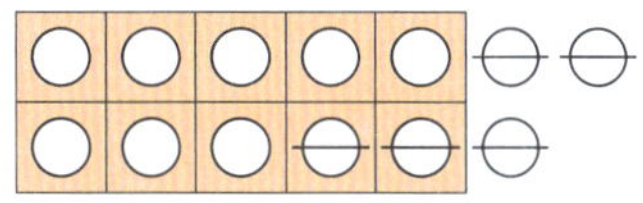

13 – 5 = ____

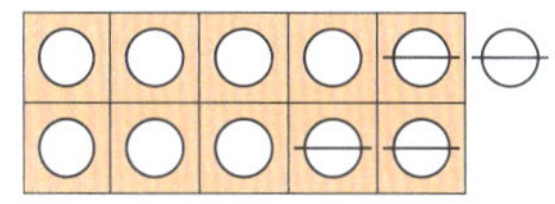

11 – 4 = ____

2 Rechne unter den Zehner!

11 – 2 → 11 – 1 – 1 = ____

12 – 3 → 12 – 2 – ____ = ____

11 – 4 → 11 – 1 – ____ = ____

13 – 4 → 13 – 3 – ____ = ____

11 – 3 → 11 – 1 – ____ = ____

11 – 5 → 11 – ____ – ____ = ____

12 – 4 → 12 – ____ – ____ = ____

12 – 5 → 12 – ____ – ____ = ____

15 – 6 → 15 – ____ – ____ = ____

12 – 6 → 12 – ____ – ____ = ____

3 Wie viel kommen auf 10 weg? Schreib die Minusrechnungen auf!

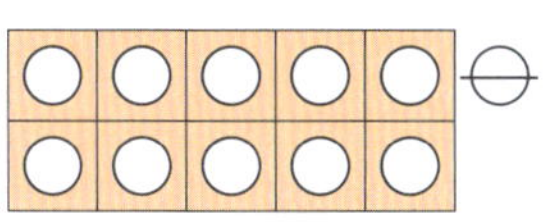

11 - 1 = 10

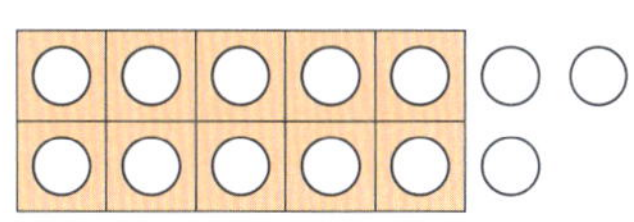

____

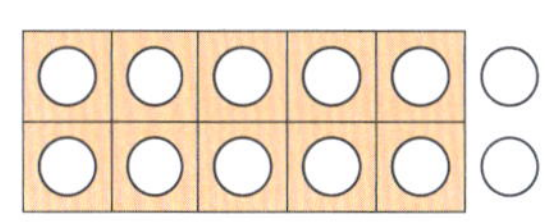

____

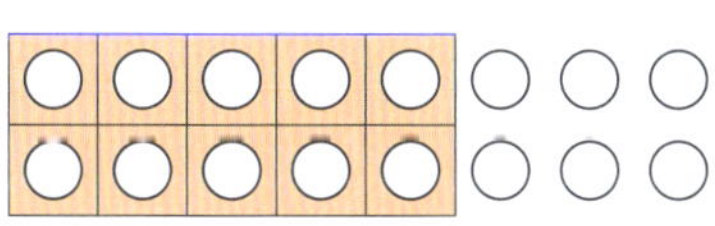

____

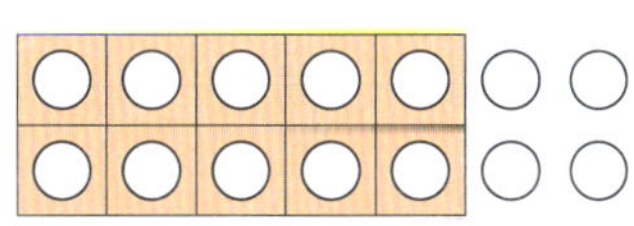

____

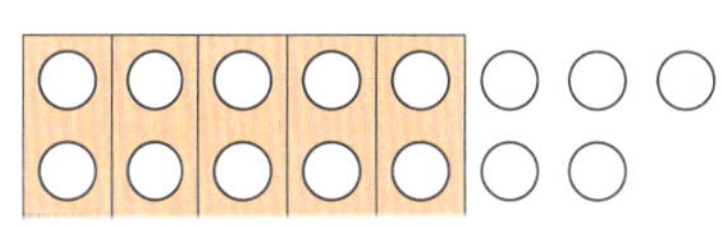

____

1 **Marc hat 12 €. Er kauft um 3 €**  **. Wie viel € hat er noch?**

R: ____________________ A: Marc hat noch ____ .

2 **In der Vase sind 13** **. 4**  **sind verwelkt und werden weggeworfen. Wie viele**  **bleiben in der Vase?**

R: ____________________ A: In der Vase sind noch ____ .

3 **Papa hat 14**  **. Er nimmt 5**  **weg. Wie viele**  **hat er noch?**

R: ____________________ A: Papa hat noch ____  .

4 **Übe!**

12 – 4 = ____	13 – 4 = ____	15 – 6 = ____
11 – 3 = ____	13 – 6 = ____	16 – 7 = ____
12 – 3 = ____	14 – 5 = ____	15 – 7 = ____
11 – 5 = ____	11 – 4 = ____	11 – 2 = ____

5 **Übe von 10 weg!**

10 – 4 = ____	10 – 1 = ____
10 – 3 = ____	10 – 2 = ____
10 – 6 = ____	10 – 9 = ____
10 – 5 = ____	10 – 8 = ____

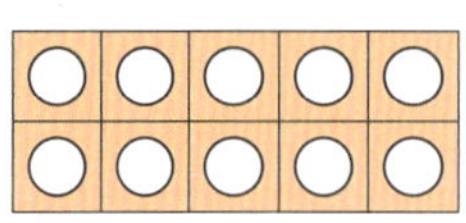

1 **Ergänze die Zehnerzahlen!**

0	10	20			50		70			

2 **Welche Zahl fehlt bis 100?**

10	20	40	50	60	70	80	90	100	

80	100		10
70			20
60	50	40	30

10	20	30	40	50	60	70	80	90

3 **Ergänze!**

4 Die Zehnerzahl vor 30: ____

Die Zehnerzahl nach 60: ____

Die Zehnerzahl vor 100: ____

1 Kreuze an!

	krumm	gerade

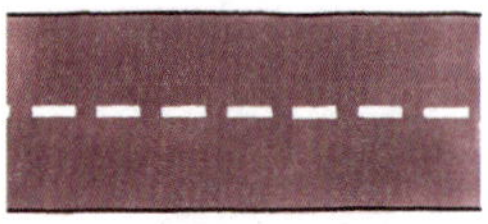		

	krumm	gerade

2 Bemale! eckig → rot rund → blau

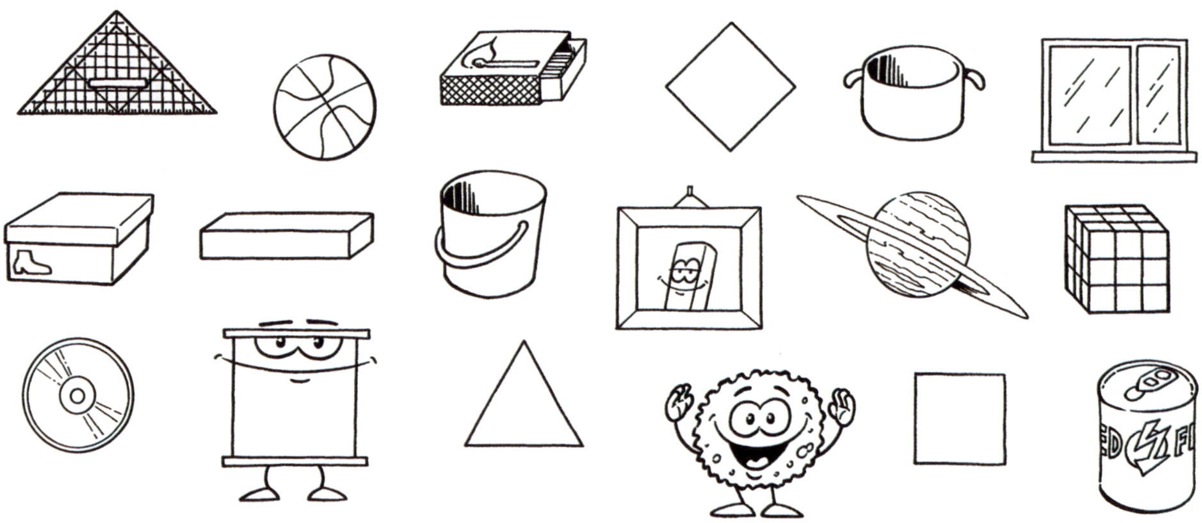

3 Innen oder außen? Kreuze an!

	innen	außen

	innen	außen

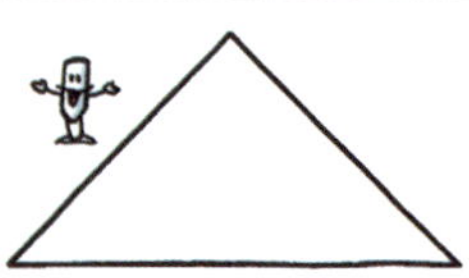		

1 **Schneide die Bilder von Kreide, Tafel und Schwamm unten aus und klebe sie vor, auf, neben, unter …**

1 Ergänze die fehlenden Zahlen!

Welche Zahl steht vor 4?

	4	

Welche Zahl steht nach 6?

	6	

Welche Zahl steht nach 19?

	19	

Welche Zahl steht vor 30?

	30	

Welche Zahl steht nach 11?

	11	

Welche Zahl steht vor 26?

	26	

2

Welche Zahlen stehen nach 13?

13		

Welche Zahlen stehen nach 19?

19		

Welche Zahlen stehen vor 29?

		29

Welche Zahlen stehen vor 10?

		10

1 Das sind Würfel!

2 Ecke

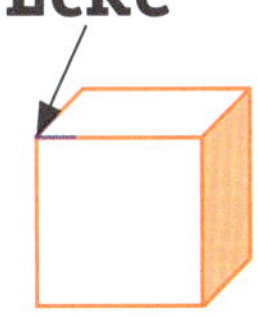

Wie viele Ecken hat ein Würfel?

____

Kante

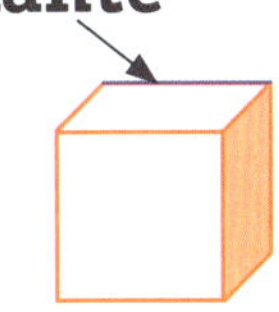

Wie viele Kanten hat ein Würfel?

____

3 Welche Flächen passen zum Würfel? Bemale!

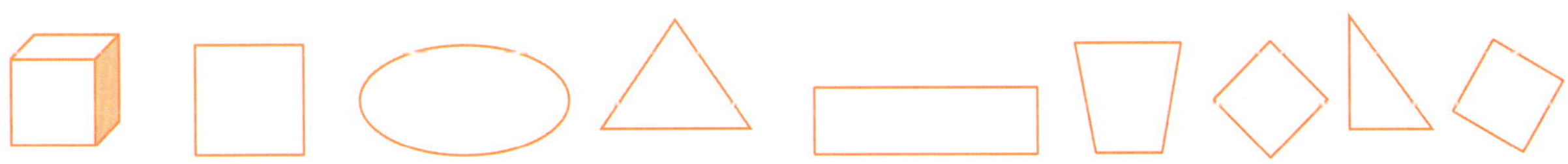

4 Das sind Kugeln!

5 Ecken

Wie viele Ecken hat eine Kugel?

____

Kanten

Wie viele Kanten hat eine Kugel?

____

6 Wie viele Kugeln oder Würfel siehst du?

____ ____ ____ ____ ____ ____

1 Welche Männchen sind symmetrisch? Kreuze an!

2 Sind die Häuser symmetrisch? Kreuze an!

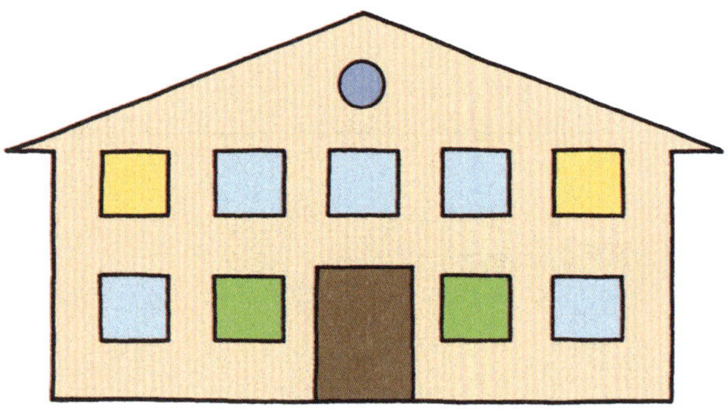

☐ ja ☐ nein ☐ ja ☐ nein

3 Bemale die symmetrischen Buchstaben!

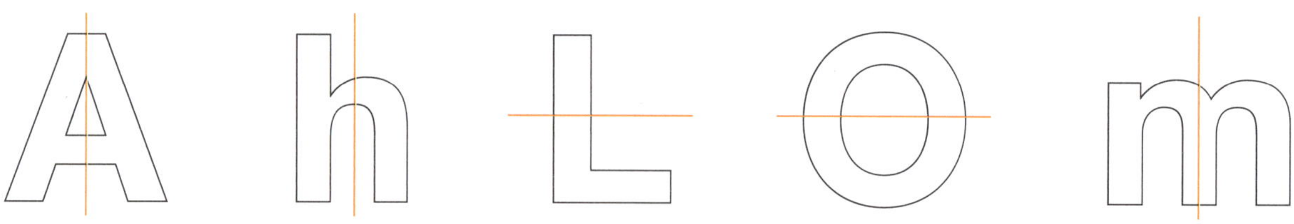

4 Schmetterlinge sind symmetrisch! Kreise die passende Hälfte ein!

Während des Tages läuft der Minutenzeiger 24-mal eine ganze Runde.
Ein Tag hat 24 Stunden.

1 Setze die Uhrzeiten richtig ein!

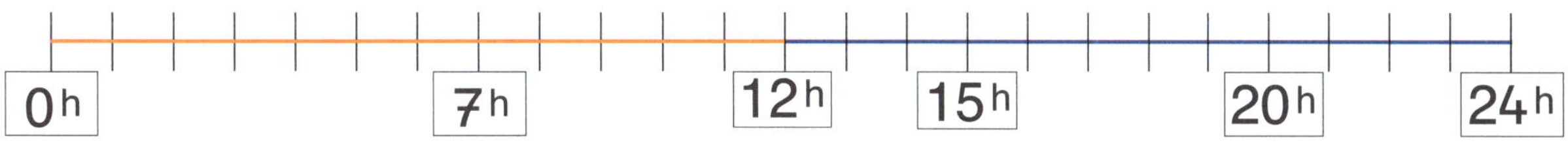

Am Morgen steht Mimi auf. Es ist ____ Uhr.

Zu Mittag isst Mimi. Es ist ____ Uhr.

Am Nachmittag spielt Mimi mit Freunden. Es ist ____ Uhr.

Am Abend geht Mimi zu Bett. Es ist ____ Uhr.

Zu Mitternacht schläft Mimi. Es ist ____ Uhr.

2 Wie spät ist es?

1 Uhr / 13 Uhr ____ ____ ____

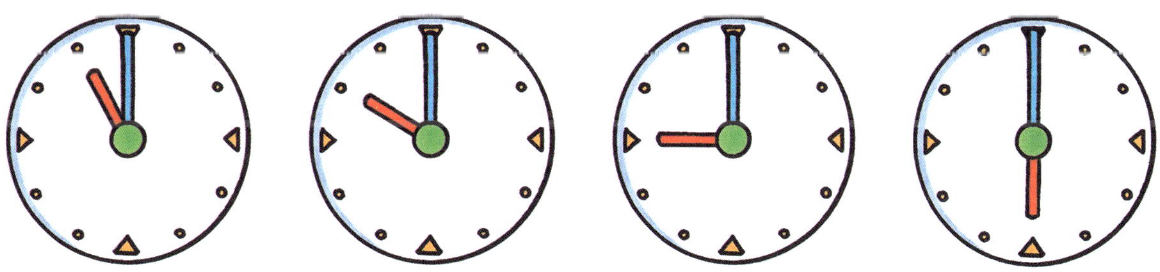

____ ____ ____ ____

1

1 _____ Mehl   1 _____ Zucker   1 _____ Reis   1 _____ Brot

2 **Was ist schwerer als 1 kg? Male an!**

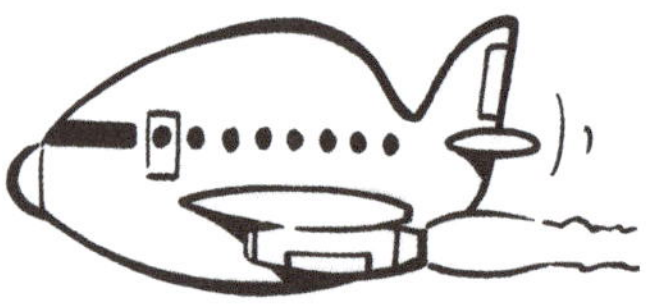

3 **Was ist leichter als 1 kg? Male an!**

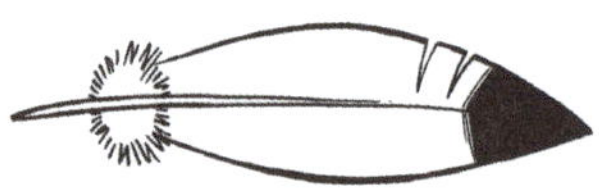

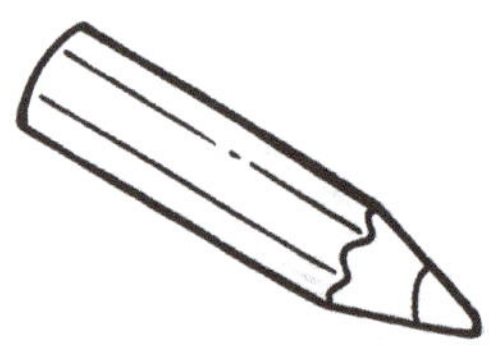

4

1 Kilogramm →	1	kg
5 Kilogramm →		
18 Kilogramm →		

5 **Rechne!**

3 kg + 4 kg + 5 kg = _____ kg   11 kg + _____ kg = 20 kg

15 kg – 2 kg – 4 kg = _____ kg   _____ kg + 3 kg = 30 kg

LÄNGENMAß: METER – m

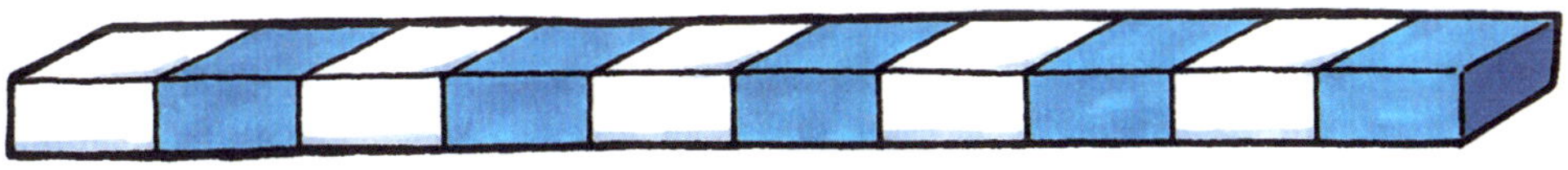

1 Meter = 1 m

1 Male an! Was ist kürzer als 1 m!

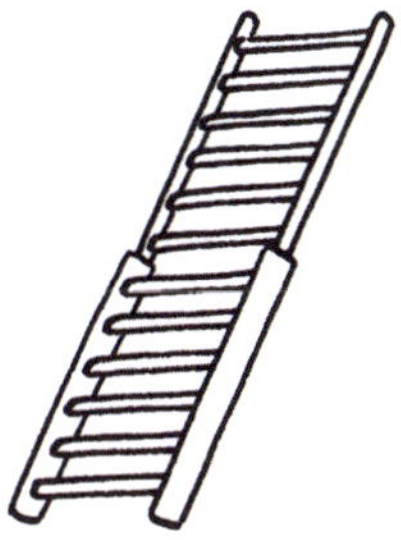

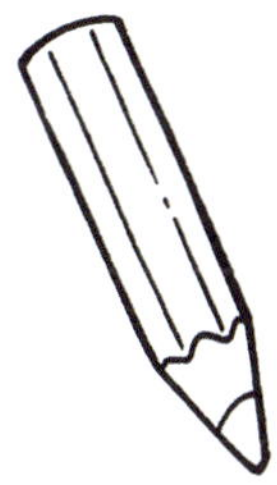

2 Male an! Was ist größer als 1 m!

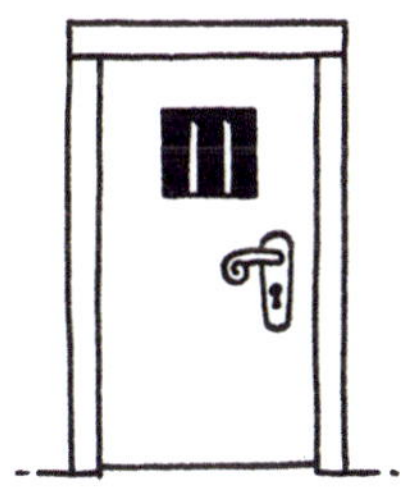

3

1 Meter	→	1	m
3 Meter	→		
15 Meter	→		

4 Rechne!

10 m + 5 m + 3 m = _____ m

26 m + 4 m = _____ m

5 m + 5 m + 5 m = _____ m

20 m + 3 m + _____ m = 30 m

16 m + _____ m = 20 m

30 m – _____ m = 22 m

10 m – _____ m = 3 m

20 m – 10 m = _____ m

1 Suche die richtigen Rechnungen zu den Bildern!

2 Ergänze!

3 + ___ = 8	1 + ___ = 9	5 + ___ = 7
___ + 5 = 10	___ + 7 = 10	___ + 2 = 10
5 + ___ = 8	3 + ___ = 6	2 + ___ = 7
___ + 2 = 9	___ + 4 = 10	___ + 3 = 9
6 = 1 + ___	9 = 6 + ___	8 = 4 + ___
7 = 3 + ___	6 = 4 + ___	9 = 7 + ___
___ + 1 = 7	___ + 2 = 8	___ + 5 = 6

1 Tauschaufgaben!

2 + 4 = ___ 2 + 7 = ___ 1 + 6 = ___

4 + 2 = ___ ___ + ___ = ___ ___ + ___ = ___

2 + 13 = ___ 6 + 12 = ___ 3 + 17 = ___

___ + ___ = ___ ___ + ___ = ___ ___ + ___ = ___

2 Ergänze die fehlenden Zahlen!

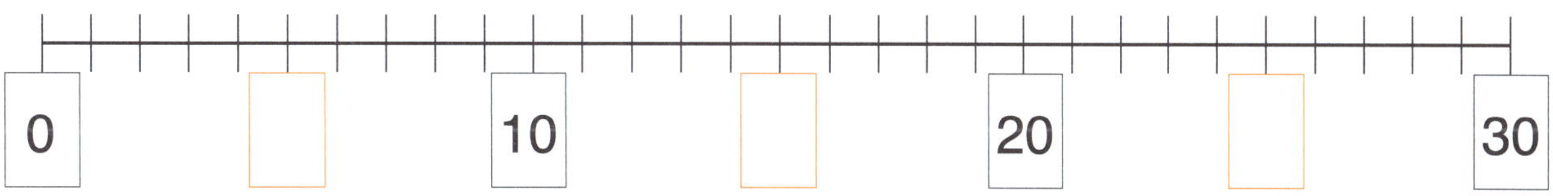

3 Lilo hat 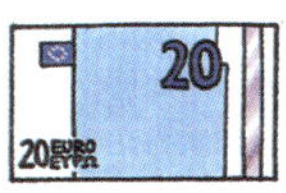. Sie gibt 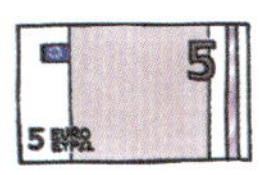 aus.

Wie viel Geld hat sie noch?

R: ______________________ A: ______________________

4 Zerlege!

9		10		7		7	
6			3	4			10

5 Wie viele Fische sind es?

R: 4 + _____ = _____ A: Es sind _____ Fische.

1 Zahlennachbarn!

				20

10				

2 Ordne die Zahlen der Größe nach!

Beginne mit der kleinsten Zahl!

7	5	2	3

30	20	15	10

3 Ergänze die Zahlenfolgen!

20	22		

30	28		

18	16		

2	4		

4 Rechne!

10 $\xrightarrow{-3}$ ☐ $\xrightarrow{-5}$ ☐ $\xrightarrow{+6}$ ☐

10 $\xrightarrow{-5}$ ☐ $\xrightarrow{+2}$ ☐ $\xrightarrow{+7}$ ☐

5 Wo ist der Schwamm? Male an!

neben	auf

vor	hinter	zwischen

1 Rechne!

16 – ____ = 12	25 – 4 = ____	____ – 5 = 10
19 – 6 = ____	10 – 6 = ____	17 – ____ = 11
12 – 6 = ____	25 – 3 = ____	____ – 2 = 17
29 – 4 = ____	15 – ____ = 10	13 – 5 = ____
15 – 6 = ____	16 – 3 = ____	11 – 2 = ____
____ – 4 = 15	20 – ____ = 11	29 – 6 = ____
28 – ____ = 21	____ – 7 = 12	18 – ____ = 12

2 Wie heißt die Zahl?

1 Z 8 E = ____	2 Z 5 E = ____	6 E = ____
2 Z = ____	1 Z 3 E = ____	3 Z = ____

3 Wo siehst du die Kreide? Male an!

innen	außen

links	rechts

hinter	unter

4 Bemale die Dinge, die symmetrisch sind!

1 **Eine  ist 6 m lang. Papa schneidet 2 m ab.**
Wie lang ist die  jetzt?

R: ______________________ A: Sie ist _____ m lang.

2 **Paul wirft 27 m weit. Paulina wirft um 3 m weiter.**
Wie weit wirft Paulina?

R: ______________________ A: Paulina wirft ____________ .

3 **Rechne!**

9 = 5 + _____	17 = 12 + _____	6 = 1 + _____
18 = 16 + _____	25 + 3 = _____	14 + 4 = _____
2 + 4 = _____	16 + 3 = _____	25 + 2 = _____
18 = 11 + _____	27 = 25 + _____	13 + 7 = _____
_____ + 2 = 9	_____ + 5 = 15	_____ + 4 = 17
_____ + 5 = 10	_____ + 4 = 16	_____ + 3 = 28

4 **Zerlege!**

10	20	30
8 + _____	14 + _____	26 + _____
4 + _____	12 + _____	25 + _____
_____ + 3	_____ + 17	_____ + 21
_____ + 1	_____ + 11	_____ + 27
10 + _____	19 + _____	20 + _____